大学生就业市场优化研究

夏星　著

·北京·

内容提要

党和国家推动实施就业优先政策、把稳就业摆在突出位置的重大举措，目的是健全更高质量、更充分就业的促进工作机制。然而，大学生就业难、难就业的问题日益突显，且存在慢就业、懒就业现象，这都直接与大学生就业市场密切相关，因此大学生就业市场优化就成为高质量就业的客观条件。针对目前大学生就业市场存在的问题，本书提出了大学生就业市场建设的意见，主要内容有大学生就业市场优化的基本理论、大学生就业市场供需结构优化、大学生职业素质培养优化、大学生就业市场服务渠道优化，以及武汉地区大学生就业市场案例分析。

本书适合各类高等院校的师生、就业服务工作人员阅读、学习，也可供相关研究人员、相关专业师生参考。

图书在版编目（CIP）数据

大学生就业市场优化研究/夏星著. —北京：中国水利水电出版社，2020.12（2024.1重印）
ISBN 978-7-5170-9224-7

Ⅰ.①大… Ⅱ.①夏… Ⅲ.①大学生—就业—研究—中国 Ⅳ.①G647.38

中国版本图书馆CIP数据核字（2020）第246441号

书　名	**大学生就业市场优化研究** DAXUESHENG JIUYE SHICHANG YOUHUA YANJIU
作　者	夏星　著
出版发行	中国水利水电出版社 （北京市海淀区玉渊潭南路1号D座　100038） 网址：www.waterpub.com.cn E-mail：sales@waterpub.com.cn 电话：（010）68367658（营销中心）
经　售	北京科水图书销售中心（零售） 电话：（010）88383994、63202643、68545874 全国各地新华书店和相关出版物销售网点
排　版	京华图文制作有限公司
印　刷	三河市元兴印务有限公司
规　格	170mm×240mm　16开本　10印张　202千字
版　次	2021年4月第1版　2024年1月第2次印刷
印　数	0001—2000册
定　价	52.00元

凡购买我社图书，如有缺页、倒页、脱页的，本社营销中心负责调换

版权所有·侵权必究

前　言

就业是民生之本，是社会的稳定器。党的十九届四中全会《决定》要求："建立促进创业带动就业、多渠道灵活就业机制，对就业困难人员实行托底帮扶。"这是党和国家推动实施就业优先政策、把稳就业摆在突出位置的重大举措，目的是健全更高质量、更充分就业的促进工作机制，确保人民安居乐业，维护社会和谐稳定。

21 世纪以来，中国高等教育步入大众化阶段，高校毕业生大规模产出使待业大学生人口激增。2020 年，疫情防控常态化下的就业形势愈加严峻，大学生就业难题已影响到社会安定团结、国家"人才强国"战略和"科教兴国"战略的实施、高等教育的可持续发展，受到了党和国家领导人的高度重视。大学生就业问题直接与大学生就业市场相关。当前大学生就业市场呈现出买方市场特征，大学生就业存在结构性和摩擦性矛盾。针对目前大学生就业市场存在的问题，聚焦于"95 后"大学生的慢就业、懒就业现象，本书提出了供需结构优化、职业素质培养优化、服务渠道优化等策略，对大学生就业市场的建设具有重要的理论意义和实践意义。

本书主要研究大学生就业市场供需结构优化、职业素质培养优化，以及服务渠道优化等。其中，供需结构优化主要通过政府宏观调控、就业与创业政策引导、调整高校专业设置、发展创业教育等使大学毕业生就业的供需结构尽可能达到平衡；职业素质培养优化主要通过高校就业指导和大学生职业规划，激发大学生主动学习的激情，充分开发潜能，以提高就业竞争力，从而提高就业率和就业质量；服务渠道优化主要通过对大学生就业市场的服务渠道选择、交易成本，以及供需双方的诚信等问题的研究，达到畅通就业信息、增强供需双方互信、降低交易成本的目的。

本书的研究主要分为以下 7 章：

第 1 章为绪论。本章提出大学生就业市场优化研究的背景、目的与意义，系统地归纳总结了大学生就业市场的国内外研究现状，给出了本书的研究内容、方法和技术路线。

第 2 章为大学生就业市场优化的基本理论。本章明确了"95 后"大学生的就业观，对大学生就业市场优化研究过程中主要运用的一些基础理论进行介绍，包括劳动力市场理论、人力资源理论、创业学理论、自我效能理论等相关理论。

第 3 章主要讨论大学生就业市场供需结构优化问题。首先，在总结大学生就业市场中用人单位人才需求特点和高校人才供给特点的基础上，对当前的大学生就业市场供需结构进行分析；其次，对高校专业设置和招生规模等影响大学生就业市场供需结构的重要因素进行深入讨论，并建立基于模糊推理的高校专业设置与招生规模的理论参考模型，为高校的专业设置和招生规模的定量分析提供了参考解决方案；最后，对政府大力提倡的大学生创业问题进行讨论，分析大学生自主创业的现状，介绍国家及各省市创业的相关优惠政策，分析其不足之处，并提出相关建议和对策。

第 4 章主要就目前高校大学生职业素质培养优化问题进行深入的分析和讨论。首先，对大学生职业素质和职业规划进行分析和讨论；其次，就高校就业指导问题对大学生职业素质培养优化问题进行讨论，主要对高校就业指导课程存在的问题进行分析，并提出相关的参考解决意见；再次，对大学生择业优化进行分析，深入分析当前流行的先就业再择业的观点，并对其利弊进行深入讨论。最后，提出大学生择业方案选择的 Blin 模糊排序方案，为大学生择业提供一条可行的参考解决方案。

第 5 章主要就大学生就业市场服务渠道优化问题进行分析和讨论。首先，介绍目前大学生就业的主要渠道；其次，对这些就业渠道的选择进行利弊分析，指出渠道选择的最主要的约束条件是就业成本，诚信体系建设又是影响就业成本的决定性因素；然后，从大学生自身和企业的角度分别对诚信问题进行深入的分析和讨论，并指出学生的诚信问题可以通过高校就业管理的信息化进行保证，对企业诚信问题则给出了基于模糊综合评判的企业诚信度评价模型。

第 6 章主要对武汉地区大学生就业市场案例进行分析。首先，探讨大学生就业指数系统，并给出相关的理论基础和数据库系统，在此基础上完成了武汉地区大学毕业生就业率指数调查报告和武汉地区大学毕业生就业质量调查报告；然后，总结武汉地区大学毕业生就业的主要特点与典型做法，武汉地区用人单位对大学毕业生的需求特点，并提出了促进武汉地区大学毕业生就业的建议。

第 7 章是全书的工作总结与研究展望。

通过本书的研究，一是可以为大学生就业市场的建设和优化提供新的理论参考，解决大学毕业生就业难的实际问题；二是可以为人力资源管理理论和市场的优化措施拓展战略应用空间；三是在建立一套较为系统的大学生就业市场建设和优化措施体系方面做出一些有益的探索。

作者　夏星
2020 年 10 月于巡司河畔

目　　录

第1章 绪论

1.1 研究的目的和意义

随着高等教育大众化进程的深入和发展，高校毕业生的产出规模大大增长。2019年，全国各类高等教育在学总规模达到4002万人，高等教育毛入学率达到51.6%（参见教育部《2019年全国教育事业发展统计公报》），高等教育实现历史性跨越，进入大众化发展阶段。随着我国高等教育的快速发展，高校毕业生数量成倍增加且持续攀升，2019届毕业生为834万人，被誉为“难上加难就业年”；然而，2020届毕业生更是达到874万人，再创历史新高。新冠疫情突如其来，大多数企业取消春招。双重压力之下，2020届毕业生更是迎来“地狱级”就业难度，高校毕业生就业形势日益严峻，就业工作面临前所未有的挑战，就业工作任务更为艰巨。另外，创新型人才和高技能型人才不足，杰出人才缺乏；城乡、区域、各级各类教育之间发展不平衡；素质教育的实施尚未取得根本性突破；高校教师队伍的素质和水平需要进一步提高；高校人才培养模式需要进一步改进。所有这些在高等教育中反映出来的问题都直接或间接地与大学生就业市场相关，其中特别是大学生就业难题引起了党和国家领导人的高度重视。

党的十六届六中全会通过的《构建社会主义和谐社会重大问题决定》，把社会就业比较充分列入构建社会主义和谐社会的目标和主要任务，并对做好高校毕业生就业工作提出了明确要求，强调要引导和鼓励大学生到基层建功立业，注重增强学生的实践能力、创造能力、就业竞争能力和创业能力，加强大学生就业市场建设和就业指导服务等。

党的十七大工作报告强调：“实施扩大就业的发展战略，促进以创业带动就业。就业是民生之本。要坚持实施积极的就业政策，加强政府引导，完善市场就业机制，扩大就业规模，改善就业结构。完善支持自主创业、自谋职业政策，加强就业观念教育，使更多劳动者成为创业者。健全面向全体劳动者的职业教育培训制度，加强农村富余劳动力转移就业培训。建立统一规范的人力资源市场，形成城乡劳动者平等就业的制度。完善面向所有困难群众的就业援助制度，及时帮助零就业家庭解决就业困难。积极做好高校毕业生就业工作。规范和协调劳动关系，完善和落实国家对农民工的政策，依法维护劳动者权益。”

党的十八大报告提出，就业是民生之本，要推动实现更高质量的就业。党的十八大报告进一步充实和完善了我国的就业方针，在坚持劳动者自主就业、市场调节就业、政府促进就业的基础上，第一次将鼓励创业纳入就业方针，并强调引导劳动者转变就业观念，鼓励多渠道、多形式就业，促进创业带动就业。第一次将促进就业上升到新的战略高度，明确提出实施就业优先战略和更加积极的就业政策。实施就业优先战略，就是要把促进就业作为经济社会发展的优先目标，放在经济社会发展的优先位置，更加注重选择有利于扩大就业的经济社会发展战略，强化政府促进就业的责任。强调要做好以高校毕业生为重点的青年就业工作和农村转移劳动力、城镇困难人员、退役军人就业工作。这是今后一个时期就业工作的重点任务。要继续将高校毕业生就业放在就业工作首位，畅通高校毕业生在不同地区、不同单位、不同行业之间的职业通道，积极开发适合高校毕业生的就业岗位，强化对高校毕业生的就业服务，改革高等教育制度和人才培养模式，做好以高校毕业生为重点的青年就业工作。

党的十九大报告明确提出，要坚持就业优先战略和积极就业政策，实现更高质量、更充分就业，进一步强调要实现高等教育内涵式发展。促进高校毕业生等青年群体、农民工多渠道就业创业。应继续坚持把高校毕业生就业创业摆在重要位置，大力实施就业促进、创业引领和基层成长计划。

针对 2020 届 874 万高校毕业生的就业问题，国家领导人明确指出，2020 年大学生就业面临一些困难，但是党和政府还是全力以赴，把它作为 2020 年经济工作的重中之重，解决民生问题的重中之重，争取使大学生都能找到工作。总结而言，就是中央各相关部门密切配合，出台政策；各地党委、政府高度重视、闻令而动；各地教育部门履职尽责、狠抓落实；全国高校积极努力，一线就业工作人员和毕业生辅导员开拓创新、主动作为。具体做法如下。

党中央、国务院高度重视高校毕业生就业工作，强调要把高校毕业生就业作为重中之重，让他们顺利毕业、尽早就业。强调“要落实就业优先政策，突出做好高校毕业生、退役军人、农民工、城镇困难人员等重点群体就业工作”，对做好高校毕业生就业工作进行重点部署。

中共教育部党组坚决贯彻党中央、国务院决策部署，多次召开党组会、专题会、调度会研究部署并推动毕业生就业工作，到一线调研。按照总书记的指示和党中央、国务院的部署，教育部会同 20 多个部门紧锣密鼓地想办法、出实招，仅出台的政策文件就有将近 40 份，地方政府、高校、用人单位以及全社会共同发力，以冲刺的状态全力以赴打好高校毕业生就业战。3 月，教育部出台了《关于应对新冠肺炎疫情做好2020届全国普通高等学校毕业生就业创业工作的通知》；5月，教育部会同人力资源和社会保障部、工业和信息化部、国资委、中央广播电视总台、共青团中央等部门共同启动实施了2020届高校毕业生就业“百日冲刺”十大专项行动，全力推进高校毕业生就业工作，具体为：①升学扩招吸纳行动；②充实基层教师队伍行动；③推进毕业生入伍行动；④开拓科研、社区、医疗等基层岗位行动；⑤推进企业稳岗扩就业行动；⑥持续开展网上就业服务行动；⑦推进创业带动就业行动；⑧重点帮扶支持湖北行动；⑨助力教育脱贫攻坚行动；⑩狠抓责任落实行动。

同时，落实离校未就业毕业生服务不断线，具体做法有：针对一定规模的2020届离校未就业毕业生，教育部加快落实政策性岗位，目前，各地还有一些政策性岗位正在落实的过程中，教育部将指导各地各高校持续引导有就业意愿的未就业毕业生报考各类政策性岗位。同时，配合人社部门落实好“三年百万青年见习”计划，积极举办见习对接活动，让有需求的未就业毕业生都能获得见习机会。扩大专项能力培训，对有培训意愿的未就业毕业生应培尽培。教育部高校学生司司长王辉表示，教育部将为毕业生提供不断线就业服务，确保有就业意愿的毕业生纳入公共就业服务体系，努力帮助未就业毕业生尽早实现就业。

因此，大学毕业生就业工作中也取得了不凡的成果，具体为：在升学方面，研究生、专升本、第二学位已吸纳应届毕业生同比增加近50万人。2020年政策性岗位大幅增加，已吸纳（含升学）280多万毕业生就业，比2019年同期增加73.4万人。教育部在2月推出的“24365校园网络招聘服务”，目前已提供岗位信息1522万条，累计注册毕业生669万人次，投递简历3736万人次。教育部直接举办专场招聘活动40场，累计提供各类岗位540多万个。3月以来，各地和全国高校日均举办网络招聘活动2000场左右，总数超过20万场。3月，教育部推出的“全国高校毕业生网上签约平台”，推动11个省近900所高校开展网签工作，有64.5万毕业生完成了网上签约。

在多措并举推进2020届毕业生就业总体稳定的情况下，目前市场性岗位吸纳毕业生同比减少25.2万人，进一步直接或间接地反映了大学生就业市场的相关问题。

高校毕业生充分就业是促进经济社会发展、建设创新型国家的必然要求。高校毕业生是社会中最富有活力、最富有朝气、最富有创造性的群体，属于国家宝贵的人力资源。持续、快速、健康发展的经济及各项社会事业需要更多的大学毕业生，相对于社会、经济的发展需要，相对于创新型国家建设的需求，我国大学毕业生不是多了，而是少了，就目前而言，还需要培养更多高素质人力资源和拔尖创新人力资源。当前大学生就业市场存在着结构性矛盾，主要表现在区域和行业失衡方面，有业不就和无业可就的现象并存。

做好高校毕业生就业工作是维护人民群众切身利益的现实需要。就业是民生之本，是关系到老百姓切身利益的民生问题。党和国家领导人强调要重点解决人民群众最关心、最直接、最现实的利益问题。高校毕业生就业工作是社会就业的重要组成部分，做好高校毕业生就业工作是促进社会和谐的重要内容。做好高校毕业生就业工作是落实科学发展观、提高高等教育质量、促进高等教育持续健康发展的本质要求。21 世纪以来，高等教育从精英化步入大众化阶段，高等教育发展取得巨大的成绩。但与此同时，高等教育在飞速发展的过程中也存在一些新情况、新问题，如高校毕业生的培养质量还不能适应经济社会发展的需要。以前的毕业生就业就是把人直接分配到各个单位去，单位再派几个“师傅”带，进行再教育。而现在没有了分配，市场也变了，但教育却没有变，导致毕业的大学生只是个半成品甚至根本不能用，而市场只要成品，这就造成了大学生找不到工作，而用人单位又招不到人的局面。大学毕业生的就业问题在高等教育链条中处于最关键的环节，高等学校必须树立以社会需求和就业为导向的意识，切实把高等教育发展的重点从量的扩大放到质量提升方面来，不断实现人才培养模式的优化。

做好高校毕业生就业工作应当有一个现实有效的基础，这个基础就是社会主义市场经济体系中的人才市场。在中国古代有句俗语，“千里马常有，而伯乐不常有”，表明在当时人才的产生与成长主要取决于“伯乐”的赏识。而在市场机制条件下，人才的产生和成长并不取决于“伯乐”，而取决于人才成长的市场机制和政府调控机制。只有如此，才能保证我国人才的成批涌现，才能保证科教兴国战略顺利实现。因此，做好高校毕业生就业工作的关键和基础是建立与健全高效且符合大学生需求的人才市场。人才市场包括人才供求的市场化关系、市场信息、市场价格，当然也包括各种人才中介机构等。因此，人才市场本质上应当是一种机制，而人才中介机构则是人才市场机制实现期望作用的具体形式。换言之，人才市场是按照市场规律对人才资源进行配置和调节的一种机制，是人才劳动力交换关系和交换场所的总和[1-2]。人才市场本质的揭示，意味着它体现出市场机制的以下核心论点（主要特征）：理性选择、平等互利、分散化决策、跨区域流动。人才市场机制构成要素有：一是人才市场主体，即人才的供给方与需求方；二是人才商品本身，即凝聚在人身上的复杂劳动能力，它是人才市场供求的对象，人才商品不同于其他物质商品，作为一种能力它是看不见、摸不着的，因此，它的性质、数量、等级乃至供求关系，均要靠市场手段来反映或实现；三是人才市场价格，即工资；四是人才市场信息；五是人才市场中介和市场经营者；六是人才市场的相关条件，包括政府的作用、市场环境与社会环境、法制基础等。

大学生就业市场建设好坏直接关系到大学生就业的成败。大学生就业市场是劳动力市场的一个重要组成部分，但又有别于普通的劳动力市场。赖德胜对劳动力市场按四种方式进行划分，即主要和次要市场的划分、主要内部市场的划分、种族引起的划分和性别引起的划分[3]。劳动力市场的细分对大学生就业市场的定位尤其重要，劳动力市场细分理论在大学生就业市场建设问题中就有重要的参考价值[4-5]。赖德胜提到大学毕业生就业难的缓解和解决要依赖经济发展，且离不开体制改革[6]。徐林清认为在中国经济转轨过程中劳动力市场也正在经历一系列的无序和冲突，失业问题、收入差距问题以及人力资本积累短缺问题严重困扰着中国经济的进一步发展[7]。张建军对大学生就业市场现状进行剖析，同时对构建大学生就业市场提出一些设想与建议[8]。张忠生认为高校应采取积极有效的措施，进一步转变高校毕业生的就业观念，建立市场导向、政府调控、学校推荐、学生与用人单位双向选择机制[9]。许小石提到目前国内对于大学生就业的研究较多，但从市场化角度研究大众化时代的大学生就业问题的确很欠缺，尤其是研究大学生就业市场建设问题的更不多见[10]。王辉等提到从 1999 年我国普通高校第一次大规模扩招以来，我国高等教育发展迅速，办学规模持续扩大，毕业生就业工作呈现出复杂性、多样性的特点[11]。朱华等提到 1985 年 5 月 27 日，中共中央颁布了《中共中央关于教育体制改革的决定》，从此，我国高等教育改革迈进了一个崭新的阶段。尤其是到了 20 世纪 90 年代，大学生就业体制的变革尤为引人注目。由过去的“统包统分”和“包当干部”的分配制度过渡到“供需见面”，进行“双向选择”[12]。龚水平认为如何建立毕业生就业市场、建立怎样的毕业生就业市场，是当前就业体制改革的重点和难点。社会主义市场经济体制改革的客观现实，教育事业发展的现状，高校招生、就业制度的改革等均呼唤毕业生就业市场的建立与完善，并且从就业制度改革的程度、毕业生谋职择业的成本、毕业生就业市场的管理及高校本身的职能等因素来看，均强调毕业生就业市场应以高校为主体[13]。岳昌君还就中国高等教育与劳动力市场研究问题进行了综述[14]。同时，大学生就业市场有别于普通的人才市场，从市场的供给方主体来说，作为同样具备复杂劳动能力这一角度来说，大学生就业市场可以说是人才市场的一种特殊形式，其特殊性主要体现在以下几个方面：

（1）大学毕业生作为人力资源市场中的供给方主体，群体规模很大，超过了城镇新增劳动力的半数，占整个市场人力资源总供给量的 1/4。现阶段，中国存在着三大就业市场：劳动力市场、人才市场和大学生就业市场。每年城镇新增劳动力 1500 多万人，农村向城镇转迁劳动力 1000 万人，由于矿产等资源枯竭或股份制改造分流约 400 万人。

（2）大学生就业市场的经济容量大。据多方报道，大学毕业生求职成本约为 2600 元左右（武汉市大学生就业市场抽样调查显示，大学毕业生求职的平均成本在 2600 元左右；河南省某课题组对部分省属高校毕业生连续三年进行跟踪调查，发现毕业生的求职平均成本为 2000 元），以 2000 元计，2020 年大学毕业生为求职约花费 175 亿元；教育部规定，高校用于毕业生的费用不得低于每生学费的 1%，以每生 150 元计，各高校为此共约支付 17 亿元；企业每招聘一名大学生约支付成本 1000 元，各企业共约支付 87 亿元；此外，还有各级政府为招聘等举措支付大笔费用，初步估算大学生就业市场总的经济容量会突破 300 亿元。

（3）高校在大学生就业市场中的地位和作用更加突出。一些专家简单地认为高校只是大学生就业市场中的一个人才中介，这既不符合事实，也不利于大学生就业市场的建设和发展。湖北工业大学就业市场调查表明，2019 年 74. 86%的 2019 届大学毕业生通过本校人才市场就业，如专场招聘会和大型校园双选会。大学生人才市场无论是对于毕业生期望而言，还是对于最终结果而言，都在大学生就业中占据主导地位，是大学毕业生就业的最主要渠道。

为了掌握大学生就业市场运作的内在规律，将大学生就业市场区别于普通的人才市场进行考虑是十分必要的。

本书重在明晰大学生就业市场的概念。目前，大学生就业市场的提法多在从事大学生就业调查的工作人员或是教育系统内部，多从就业指导的角度进行论述。在理论界，经常用人才市场来代替大学生就业市场，对大学生就业市场的运行机制、规律没有进行进一步的探究。

1）对高校在大学生就业市场中的地位和作用进行全新的审视。高校既是大学生就业市场“产品”的提供者，又是大学生就业市场的重要建设者，在毕业生就业过程中发挥着不可替代的作用。以往研究中对高校更多的是从调整专业设置、改革招生制度、改革课程设置、实施教学改革、提升教育质量、加强就业创业指导等方面进行分析的，本书则立足于大学生就业市场，从两个方面实现高校与市场的互动，一是提倡高校把创业教育作为继学历教育、职业教育之后的第三本教育护照，大力开展创业教育，建立与社会、经济发展相适应的创业教育体系，不仅向大学生就业市场提供高素质的就业者，更向大学生就业市场提供高素质且有相当规模的创业者。与德国、美国等创业教育发达的国家相比，我国的创业教育还存在着巨大的发展空间，我国高校毕业生创业人数不足毕业生总数的 3%，而西方发达国家，创业者人数占毕业生总数的 10%。从另一个方面来说，我国高校毕业生有创业冲动的人数很大，据大学生就业市场 2020 年调查表明，接受调查者中 78%的毕业生有过自主创业的考虑。二是依靠大学生就业市场，建立高校质量回馈体系。目前，社会对高校的评价主要来源于以前行业隶属、主管部门、科研能力、论文排名等，由此可以看出，尽管教书育人是高校的首要职能，但对这一职能的评价一直没有科学合理的体系。随着大学生就业市场的逐步确立，区域性、行业性的大学生就业市场以及高校自办或联办的大学生就业市场日臻完善，在各级政府的大力推动下，大学生就业见习基地的建设也越来越完备，这些都为高校质量回馈体系建设提供了物质基础。通过市场对人才的公正评价让高校在人才培养的定位上有更加清晰的认知，根据错峰发展的原则进行自我调整，这反过来会推动大学生就业市场的完善。

2）对政府在大学生就业市场中的地位和作用进行全新的审视。我国大学生就业经历了计划经济时期、过渡时期和市场时期三个阶段，在这三个阶段中政府都发挥着至关重要的作用。一方面，政府在宏观上，运用税收、利率、信贷、货币等经济杠杆调节总量，保证经济稳定、持续、协调的发展，为大学生就业提供尽可能多的就业岗位；政府运用行政、法规等手段，为市场机制的运作创造必要的条件。另一方面，政府还可以通过“财政赎买”等手段直接参与大学毕业生的配置活动。近年来，师范生的免学费，北京、辽宁、山东的村官制，湖北省的农村教师资助行动计划，团中央的西部计划，国家的“三支一扶”等政策，对扩大就业、改善基层人才结构、促进落后地区的发展起到了不可估量的作用。

3）对大学生就业市场的另外两个行为主体，也就是市场主体，即大学毕业生和用人单位进行重新审视。中国高等教育步入大众化时代，教育的理念发生了根本性变化。对于大学毕业生而言，接受高等教育不仅是谋取职业的一种手段，更是为了致力于人的全面发展。

当代高等教育的主角已经是“95 后”大学生，他们处于新时代背景下大数据信息爆炸时代，其性格、行为、思想等都呈现出新特点。在就业观方面，慢就业、懒就业现象已成为“95 后”大学毕业生司空见惯的寻常事，不再仅仅局限于传统的就业观念与渠道，毕业去向选择上呈现多元化、网络化、娱乐化的趋势。上大学现已变为一种投资或是消费行为，而在大学毕业生出现就业难的情况下，个人上学投资高等教育便会存在一定的风险。只有具备科学的投资理念、转换传统的就业观，树立自主择业、自主创业、终身学习的观念，建立清晰的职业生涯规划，通过不断勤奋学习，不断丰富和完善自己的职业生涯，才能降低投资高等教育的风险。用人单位也必须站在做一个负责任的社会企业公民的角度，树立科学的择人观和成本控制观，改变不科学的“人才高消费”行为。随着全球化时代的来临，中国经济、高等教育的发展都存在着非常大的变数，因此对高等教育的发展和大学生就业市场的建设必须从全球化的视角来进行重新审视。高校竞争将会越来越激烈，在此前景下，大学生就业市场建设对高校发展的重要性就不言而喻了。聚焦“95 后”大学生的“慢就业”“懒就业”现象，立足于大学生就业市场，对市场的四个行为主体进行全新的审视，将产业经济学、教育经济学、人力资源管理理论、新制度经济学、创业学、市场细分理论等引入大学生就业市场建设和优化中来，研究大学生就业市场优化理论与实践问题，探究全球化的激烈竞争环境下的大学生就业市场发展和优化战略理论与实践，是本书研究的主要目的和意义。

通过本书，一是可以为大学生就业市场的建设和优化提供新的理论参考，解决大学毕业生就业难的实际问题；二是可以为人力资源管理理论和市场的优化措施拓展战略应用空间；三是在建立一套较为系统的大学生就业市场建设和优化措施体系方面做一些有益的探索。

1.2 国内外研究综述

1.2.1 国外研究综述

现代大学产生于欧洲，而高等教育最发达、高等学校数量最多的是美国。高等学校管理理论也产生于西方，并且是从借鉴企业管理开始的。20 世纪 20 年代弗雷德里克·泰勒（Frederick Taylor）提出科学管理思想之后，西方企业管理中掀起了一场“效率运动”，美国芝加哥大学学者鲍比特（Franklin Bobbit）率先将“科学管理”和“效率”的概念运用到高等学校管理之中。他在《用来解决城市学校系统问题的若干一般管理原则》的论文中提出：“我们不应把学校仅仅看作教育机构，而应该看成工厂，学生就是需要处理的生产原件，教师就是工人，学校管理人员则作为工厂的经理控制着教育生产的流程……学校管理的责任就是发现执行每一个教育任务过程中的最好方法，效率意味着集中化和监督者对全部执行过程实施明确的指挥。”

高等教育从精英化转向大众化阶段后，发达国家、发展中国家都面临着大学毕业生就业难的问题，但由于不同的国家，其文化背景不同、就业的路径也大相径庭，但无论是在发达国家还是在发展中国家，大学毕业生都是劳动力市场上的优势群体。由于大学生就业市场并不稳定，特别是大学毕业生的高存量问题，各国都有专门化的“特殊性”就业环境和政策，激发创新、创业精神以创造更多的就业岗位；鼓励大学毕业生到艰苦的地区和行业就业；提升大学毕业生的就业竞争能力，从而实现就业。全力对国外大学生就业模式进行了介绍[15]，胡尊利等对国外大学生就业能力进行了研究[16]。

在西方、日本等发达国家和地区，受教育程度的差异在人力资源市场内部对就业的影响，主要体现在由工资差别来划分的不同就业层次。大学毕业生人力资源配置是同社会人力资源市场有机衔接在一起的，基本不存在专门的大学毕业生就业制度，而其就业模式大致都是在学校指导下的学生自主择业，人力资源供需双方选择，学校只充当重要的中间角色。在学校的组织下普遍建立了校友会、董事会、学生会等组织，它们也是大学生就业的重要渠道。美国是鼓励创业精神的典型代表。美国在企业创立上基本没有限制。此外，在美国的创业教育历史达20余年，有些学校专注创业领域的教学和研究，以此作为学校的发展重心以及竞争优势[17]。百森商学院开设了创业学博士方向，加州大学洛杉矶分校的创业相关课程更高达24门，麻省理工学院、斯坦福大学等著名大学也都倾力专注于此领域，以求在新经济的潮流中站稳脚跟。美国的大学毕业生就业模式可以概括为“国家不包分配、学校指导服务、毕业生自主择业和自主创业”。

加拿大大学与学院协会则要求大学、政府与私人部门共同合作致力于大学生就业能力的提升。日本大学毕业生的就业模式是根据日本《职业安定法》规定的，日本大学毕业生人力资源普遍实行自由择业的就业制度；学生就业时不受任何行业范围、工作性质和就业地区的限制，可以根据自己的愿望自由地选择职业；用人单位根据自己的需要，自由地录用毕业生；政府对双方行为不做任何行政干预；学校对学生的就业只起到指导咨询、推荐的作用，而不必承担安置毕业生的责任；毕业生就业安定是通过市场调节的。德国大学生就业的特点是“社会化、市场化，强调学生自我负责，强调学校教学、科研发展的独立自主性”。德国国家劳动总局是联邦劳动和社会秩序部领导下的一个独立的事业单位，负责职业介绍、择业教育和咨询，并对职业教育和就业问题进行研究。该机构由联邦、州、地三级组成，六七百个劳动局遍布全国，为毕业生就业建立了完整的服务体系。德国还从制度上促使学生加强实践能力，缩短适应社会时间，德国的学徒制度已有百年历史，而德国教育体系中最为耀眼的是高等职业教育的“双元制”。我国香港地区完全由市场配置就业的大学生就业模式对各高校形成了巨大的竞争压力，各高校纷纷采用多种形式帮助学生更好地学习、发展和就业。香港科技大学的做法比较具有典型性，其就业教育贯穿大学四年，完备的就业指导促使其一直保持着较高的就业率。该校就业辅导中心作为集咨询服务、就业心理辅导、人才市场、就业教育于一体的专业化就业机构，建立健全的网上就业市场和完备的资料档案，以集体讲座和个别辅导的形式进行就业咨询服务，还经常组织校内招聘讲座与面试，邀请校友及知名企业家到校与学生座谈。

英国的高等职业指导被公认为是全球的领导者，对许多国家都产生过重大的影响。在英国，国家并没有立法要求大学提供职业信息、建议与指导，但大多数大学均设立了专职的职业服务部门，提供大量的职业服务。

总的来说，目前欧美发达国家的大学生就业工作具有以下特点[18-19]：

(1) 已形成较成熟完整的大学毕业生就业体制，各大学均设就业指导课，配备足够的人员和经费；有整套完善就业指导的方法；有专业部门提供完备的信息服务。

(2) 大学毕业生是就业工作的主体，学校和社会的各种人才公司为大学毕业生就业提供服务，起着不容忽视的作用。

(3) 就业市场已经成熟，政府基本不干预，大学毕业生的就业完全由供需双方决定。

(4) 信息工作是大学毕业生就业工作的中心，里库路特公司对毕业生就业活动的信息来源做过调查和分析，90%理科类和92.1%文科类大学毕业生是通过里库路特公司的《就职情报》杂志获悉就业信息找到工作的，而通过学校的信息落实工作的仅占20%左右。

(5) 重视实践。用人单位一般非常重视学生的实践经验。大学生及早准备，有意识地利用假期到一些公司实习，从中积累工作经验。

总的来看，由于社会制度和文化传统不同，国外没有专门的大学生就业市场，它们注重在整个大学期间对学生的就业和创业能力进行培养，积极为大学生提供职业规划和就业指导，因此国外的研究主要围绕人才市场和就业理论进行。

1.2.2 国内研究综述

中华人民共和国自成立以来，毕业生就业模式经历了计划向市场的转变过程，大致分为三个阶段：计划经济时期、过渡时期和市场时期。不同的毕业生就业模式是不同历史时期的特定产物，都为当时的社会、经济发展做出积极的贡献。在世纪之交，我国高等教育飞速发展，步入大众化阶段，但大学毕业生的就业问题日益突出，引起了党和国家领导人的高度重视，理论界和实操层面的工作人员也做了大量的研究。

孙泽厚教授在其专著《大众化高等教育时期大学生就业问题研究》一书中提出了我国现阶段理想的大学毕业生就业市场的运作机制与模式[20]：以人力资源市场为就业平台、以学校为服务窗口、以市场为基础性方式，在政府政策的引导下，毕业生在择业期内自主择业、勤奋创业、终身学习。这给大学毕业生就业提供了宏观的参考模式。

蓝劲松通过回顾高等教育与人才市场互动的历史，揭示了高等教育与人才市场是本质的调和与冲突[21]，运行、调控的关系，同时还进行了实证分析。李亚伯探讨中国特色社会主义市场经济条件下劳动力市场的形成过程，发现社会主义劳动力计划配置与市场配置的转换关系[22]。上述论文从人才市场的角度对大学生就业问题进行了讨论分析。宁先圣等探讨了大学生就业市场规范问题[23]，李春梅探讨了高校在大学毕业生就业市场中的地位与作用[24]。文东茅探讨了高校毕业生资源配置“市场失灵”问题[25]，闵维方等对高校毕业生就业状况进行了调查分析[26]。钟秋明等认为应加强政府作为，加大对高校毕业生到就业不足地区就业和创业的扶持力度，加强高等教育地区结构和学科专业结构调整，充分发挥高校在培养本地所需人才方面的作用[27]。王义芳认为做好大学毕业生就业工作是人力资源开发中的一项重要工作，应该从政府、高校、社会用人单位和毕业生等层面入手，提出了着力构建政府主管、高校主抓、社会用人单位和毕业生积极参与的就业机制，以促进高校毕业生充分就业[28]。董玉梅认为，我国大学生的就业竞争日趋激烈，逐渐成了社会关注的热点问题；当前某些大学生“高不成、低不就”的选择性失业尤为突出，其择业观念和择业预期严重脱离实际，多种因素影响了大学生的价值取向和就业观念，并对实现大学生充分就业提出了对策和建议[29]。蓝劲松通过对一些国家尤其是一些发展中国家人才市场及其人才政策的比较，提出了以人才为中心的发展模式是中国社会经济发展的基本模式，进而阐述了我国在国际人才市场条件下人才政策的一些具体策略[30]。强侠等从新制度经济学的角度分析了我国大学生就业制度变迁中的四个核心要素，就业制度变迁实质上是这几个核心要素的变迁，从中我们可以区分新旧制度的差异，并在此基础上对就业制度变迁中的交易成本和寻租现象的变化进行了深入的剖析，说明大学生就业制度变迁是必然的和合理的[31]。嵇小怡运用信息不对称理论分析我国大学生就业系统中存在的信息不对称现象，并以此理论为基础提出了相应的对策[32]。我国高校毕业生就业制度的改革已经二十几年了，双向选择制度也成为社会广泛接受的模式，但是就业系统中社会用人单位、毕业生、高校、政府四方存在着严重的信息不对称现象，在信息层面上阻碍了我国毕业生就业工作的开展。因此，建设大学生就业市场的信息系统是完善大学生就业市场的关键[33]。

总的来看，目前已经有一批专家学者从理论和实践上对高校毕业生资源的合理配置问题进行了研究，并且取得了许多成果。以上研究成果，理论研究往往侧重于人才、人才市场、人力资源以及人才市场与高校关系的研究；实践研究多在对就业指导的内容与方式上，往往是源于工作中的思考或总结，或是从宏观的角度对大学生就业问题进行思考、提出建议，不可避免地有其局限性，还没有真正把大学生就业市场作为一个特殊的人才市场来进行结构分析、运行机制探讨以及优化设计等研究。因此，关于大学生就业市场的研究仍需进一步总结实践、升华理论。

1.3 研究内容和研究方法

1.3.1 研究内容

本书的研究内容主要包括四部分，一是问题的提出；二是介绍本书所运用的相关理论基础；三是研究大学生就业市场优化理论；四是研究大学生就业市场优化的相关内容，并以武汉地区大学生就业市场等进行案例分析。本书的研究体系结构如图 1-1 所示，其主要包含如下研究内容。

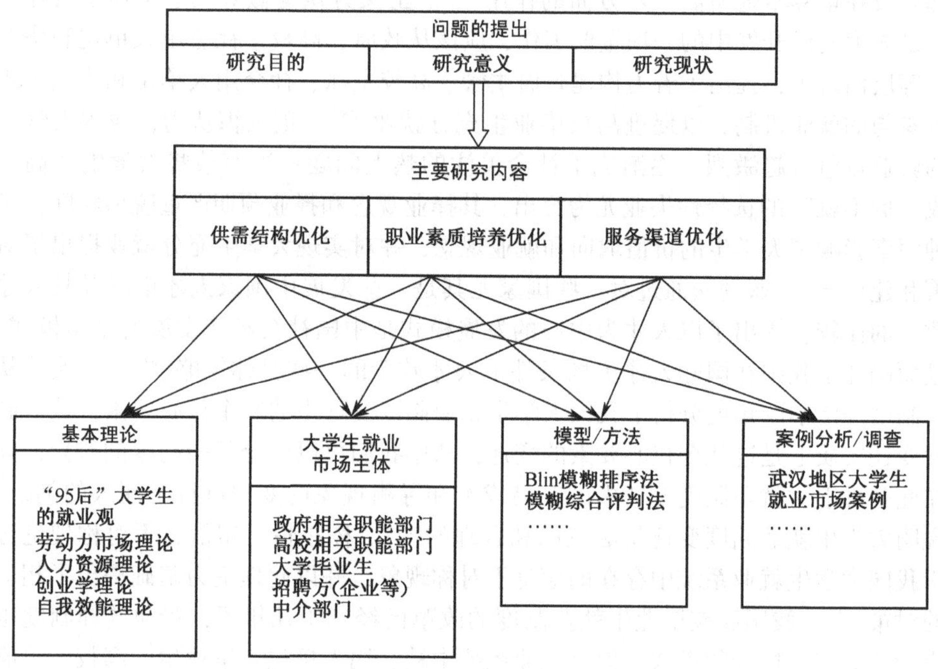

图 1-1 大学生就业市场优化研究体系结构

（1）问题的提出：主要包括大学生就业市场若干问题优化理论的研究目的、研究意义以及当前研究现状。该部分内容主要在论文第 1 章中阐述。

（2）主要研究内容：主要研究大学生就业市场供需结构优化、职业素质培养优化以及服务渠道优化。

1）供需结构的优化：主要通过国家就业与创业政策引导、高校专业设置使得大学毕业生就业的供需结构尽可能达到平衡。该部分内容主要在第 3 章中讨论。

2）职业素质培养优化：主要通过高校就业与创业指导以及大学生的职业规划和核心竞争力的提高来增强个人的竞争力，从而提高就业的数量和质量。该部分内容主要在第 4 章中阐述。

3）服务渠道优化：主要通过对大学生就业市场的服务渠道、交易成本以及供需双方的诚信等问题的研究，达到充分交流就业信息、供需双方增强互信、降低就业交易成本等目的。该部分内容主要在第 5 章中探讨。

（3）基本理论：本书聚焦于新时代"95后"大学生的就业观，即慢就业、懒就业现象，以及涉及的劳动力市场理论、人力资源理论、创业学理论、自我效能理论。该部分内容主要在第2章中说明。

（4）大学生就业市场主体：主要包括政府相关职能部门、高校相关职能部门、大学毕业生、招聘方（企业等）、中介部门等。

（5）模型/方法：本书在研究过程中使用了模糊推理方法、模糊排序法、模糊综合评判法等多种模型和方法。

（6）案例分析/调查：本书主要论据通过武汉地区大学生就业市场案例的实证调查来获得。

1.3.2　研究方法

本书在借鉴前人有关经济学、管理学、市场学、系统科学、高等教育学等理论研究成果的基础上，运用人力资本理论、新制度经济学、产业经济学、教育经济学、创业学等理论，系统地研究大学生就业市场的相关问题。

（1）定性和定量相结合的系统分析方法。本书拟采用系统分析方法，从调查研究入手，运用定性和定量相结合的方法，分析地方大学生就业市场的外部环境和内部条件，建立分析模型，力求使大学生就业市场设计更为科学、合理并具有可操作性。

（2）理论分析和经验总结相结合的研究方法。大学生就业市场要面对复杂多变的社会现象和动态无序的竞争环境，过分强调市场建设的程序性和规范性是不切实际的。对于大学生就业市场演化过程中的许多问题，管理者所掌握的科学知识和所积累的个人经验往往可以提炼成为行之有效的新的管理方法。因此，本书将采用管理科学理论和管理经验相结合的研究方法，即尽可能地充分采用管理科学和相关学科的理论及方法，在充分吸纳本人主持或参与的《大学生就业指导实务研究与实践》等多个省级课题成果的基础上，合理利用本人多年来在主管部门和学校一线工作中所积累的工作经验，努力使二者形成有机结合。结合过程要尊重科学、尊重规律，避免教条主义和经验主义错误。

（3）文献研究。广泛收集及研究国内外相关文献，吸收和消化有关成果，特别是跨学科交叉研究及社会科学借鉴自然科学研究成果的方法运用。

（4）辩证分析法。该方法是关于普遍联系和发展的世界观与方法论，运用辩证分析法能使我们掌握大学生就业市场自身固有的演化规律，从而优化大学生就业市场。

（5）系统方法。大学生就业市场是一个复杂开放的自适应系统，政府、高校、毕业生、社会用人单位以及其所处的环境联系紧密，因此必须研究大学生就业市场各行为主体及其环境的协同进化的基本关系，真正把握大学生就业市场的运行规律，系统研究大学生就业市场优化的相关问题。

（6）案例分析法。辅以实证数据分析，进一步论证所总结的结论，选取有代表性的案例加以佐证。

第2章 大学生就业市场优化的基本理论

虽然关于大学生就业市场的理论研究还处于起步阶段，但大学生就业市场的实践早已深入大学生就业实际工作中。基于对实践活动的认知和抽象，对新时期大学生的就业观、就业市场一般理论的概括和总结也就成为指导大学生就业市场优化实践活动的基础。本章对大学生就业市场优化研究过程中涉及的新时期大学生的就业观、运用的基本理论进行归纳总结，包括“95 后”大学生的就业观、劳动力市场理论、人力资源理论、创业学理论、自我效能理论等相关理论。

2.1 “95 后”大学生的就业观

就业观是指导就业的观点，是指个人在选择某一职业时的一种观念、态度、认知以及心态。它是个人对就业的一种反应倾向，由认知、情感和行为倾向三个因素组成。大学生的就业观的形成主要在高等院校，高等院校根据市场导向、个人能力大小、知识水平高低等因素来正确指导大学生的就业观。

2.1.1 “95 后”大学生的慢就业

当代高等教育的主角已经是“95 后”大学生，2017 年高考之后，最后一批“95 后”步入大学，第一批“95 后”陆续从大学毕业，逐渐走进社会，引发人们关注。处于新时代背景下大数据信息爆炸时代，“95 后”大学生的性格、行为、思想等都呈现出新特点，相较于“90 后”，“95 后”大学生更年轻、思想更开放，更加跟进时代潮流。在就业观方面，“慢就业”“懒就业”现象已成为“95 后”大学毕业生司空见惯的事，不再仅仅局限于传统的就业观与渠道，毕业去向选择上呈现多元化、网络化、娱乐化的趋势。

根据百度百科的界定，慢就业是指一些大学生毕业后既不打算马上就业也不打算继续深造，而是暂时选择游学、支教、在家陪父母或者创业考察，慢慢考虑人生道路的现象。据统计，中国越来越多的“95 后”大学生告别传统的“毕业就工作”模式成为“慢就业族”。2018 年 7 月，《中国青年报》社会调查中心联合问卷网，对 2009 名受访者进行的一项调查显示，72.9%的受访者周围有“慢就业”的大学生。62.4%的受访者认为大学生选择“慢就业”是因为还没有规划好未来。在大学生就业问题上，73.9%的受访者建议大学生尽早树立职业理想，明确职业规划，57.8%的受访者期待学校为在校学生实习提供更多渠道①。

可见，“95后”大学毕业生告别了传统的“毕业就工作”模式而慢就业也早已成为青年毕业选择的方式之一。从毕业到就业之间的这一段时期被称为“间隔年”（Gap Year），是指青年在升学或者毕业之后、工作之前，并不急于踏入社会，而是停顿下来，做一次长期的远距离旅行，用一段时间放慢脚步去做自己想做的事情。在这段时间里，可以选择去游学、当义工，或者只是休息，思考自己的人生。近年来，随着“间隔年”的逐渐兴起，国内也有不少人开始关注“间隔年”，支持并选择以“间隔年”的方式去思考未来，因而逐渐形成了国内的慢就业形势。

慢就业的“95后”大学毕业生的毕业去向归纳为以下四种②：

（1）继续深造。随着高等教育大众化，“95后”十分重视知识和学历，在不就业的“95后”中，有接近1/4的大学毕业生选择继续学习深造。

（2）选择创业。在大众创业、万众创新的时代背景下，基于“互联网+”与创业，出生在互联网时代的“95后”们，对于互联网经济当然不会陌生。在不就业的“95后”中，由于市场经济的耳濡目染，超过15%的“95后”对创业有热情，其中女生创业的比例达到40%。除互联网项目外，农业养殖也成为他们奔“钱”程的新途径。另外，接受了“宅文化”的熏陶之后，网红经济越来越成为风靡时下的赚钱途径，有超过8%的“95后”希望在毕业后尝试网红等新兴职业。互联网行业的繁荣使“95后”的创业目光紧紧锁定海淘、O2O、自媒体等新兴互联网创业项目，也有越来越多的“95后”开始用自己学习到的先进知识反哺家乡，摸索起农业创业的门道。

（3）选择“间隔年”。“95后”大学毕业生深信毕业不止眼前和苟且，还有诗和远方的“间隔年”。随着家庭压力的减少、生活条件的改善，“间隔年”逐渐跻身成为“95后”大学毕业生的热门选择。对于“95后”来说，“间隔年”的定义不只是一场说走就走的任性旅行，他们更希望投身到国际化的支教、环保义工、医疗义工等公益行动中。关于“95后”最向往的“间隔年”方式调查数据显示，教育义工占比76%，其次分别是餐厅服务员（8%）、工厂工人（7%）、医疗义工（5%）等。关于“95后”最向往的“间隔年”目的地调查数据显示，他们并没有首选繁华大都市，而是偏爱于边陲小城，透着一股文艺小清新气息；

---

① 源自：大学“慢就业”现象调查。

② 源自：“95后的谜之就业观有48%的人选择不就业”。

同时，他们也希望能走出国门，穷游东南亚国家等。

（4）选择待业。据统计，有 1.2%的“95 后”大学毕业生由于主动或被动因素，成为待业青年。主动待业在家的“95 后”中，有 1/3 是准备继承家业的高富帅。

“慢就业”现象的实质就是“不就业”。据统计，这些不就业的“95 后”大学毕业生多集中在北京、上海、广州一线城市。北京市最多，占比 37.86%，其次依次是上海市 29.74%、杭州市 18.49%、广州市 7.2%、重庆市 2.79%。大城市的包容性和多元化给“95 后”提供了更多的选择机会，也印证了“绝不逃离北上广”。

2.1.2 “95 后”大学生的懒就业

针对“95 后”大学毕业生的就业现象，在“慢就业”现象的外衣下，还存在一种被动的“懒就业”现象。相较于积极的慢就业，懒就业属于消极的“慢就业”现象。积极的“慢就业”现象下，“95 后”大学毕业生有自己的未来规划和就业计划，只不过是选择一个时段放慢就业脚步，暂时的“慢”是为了今后的“快”。他们只是需要时间理性寻找发展方向，不愿意在没有找到方向前被具体工作束缚。事实上，社会的发展与创新，靠的也就是这么一批“不安分”的年轻人来推动。多数“95 后”大学毕业生最终还是会进入稳定的工作节奏，但通过多重审视之后选择的工作，才会去真正珍惜，对待职业生涯发展，也才有更多的执着和勇气。更重要的是，这种经过“漂泊”之后选择的人生状态，无论是对于自身人生格局的养成，还是社会发展，都弥足珍贵。

然而，消极的“懒就业”现象下，“95 后”大学毕业生或屈从于就业压力，或“高不成、低不就”，或因有“啃老”的资本而放弃寻找。这种“慢就业”潜伏着危机，不利于求职者未来的发展。以慢就业的名义懒就业无论对社会还是对大学毕业生来说，都不是一件好事。对懒就业者而言，很可能会毁了他们的一生，而对社会来说，不仅是人才的浪费，更会成为社会的包袱。消极“慢就业”现象背后隐藏着以下八大问题①：

（1）放大惰性。大学毕业后不及时就业，他们很可能会进入彻底的自由状态之中，慵懒、散漫等惰性的表现就会得以放大，甚至会变成习惯。

（2）增加恐惧。做出“慢就业”的选择，可能隐含着对人才就业“红海”的些许惧怕。当他们宅在家中一两年之后，这种恐惧心理可能还会加重。

（3）贻误青春。一些涉世未深的青年人如果稀里糊涂地“被慢就业”了，

---

① 源自：搜狐教育“消积‘慢就业’现象背后的八大问题”。

耽误掉一两年甚至更长的金色时光，将来一定会悔之不及。

（4）脱离社会。社会在持续发展，时代在不断进步，接触得越晚，可能离得就越远。企业选人也好，“国考”录用也罢，都需要有一定年限的实践经验。如果把就业看成带薪的能力进修、能力读研，早些好还是迟些好，是显而易见的。

（5）延缓成长。知识也需要及时更新、与时俱进。最重要的是知识必须与实践相结合才能变成能力。获得能力才是真正的成长，而创新创造、体现价值、取得成功、实现幸福，所需要的恰恰就是能力。

（6）影响婚恋。人生规划的原理告诉我们，人生是分阶段的，不同阶段的重要事项一定要在其相应的阶段里完成。大学毕业后如果不及时就业，可能会直接影响到自己的恋爱、婚姻和下一代养育等重大事项。

（7）为难家长。慢就业给家长带来的问题并不仅仅是“啃老族”方面的经济负担，真正不堪重负的是家有“待业青年”的精神压力。

（8）积聚矛盾。有一种关于慢就业可以缓解当年就业矛盾的说法似乎很是流行。但实际上，就业矛盾越积越多，越累越大。

2.2 劳动力市场理论

2.2.1 劳动力与劳动力市场概述

劳动力有广义和狭义之分。广义上的劳动力是指全部人口，狭义上的劳动力则是指具有劳动能力的人口。劳动力是指能够推动整个经济和社会发展、具有劳动能力的人口总和。具有劳动能力的人，不是泛指一切具有一定脑力和体力的人，而是指能够独立参加社会劳动、推动整个经济和社会发展的人。

劳动力资源的概念是一个经济学范畴，是指人类自身的社会生产所提供的作为经济资源的劳动力，或者说，它是作为一种生产要素而存在的。在实际应用中，劳动力资源是指蕴藏在劳动者身上的，能对生产发挥作用的能力，它表现在劳动者的数量和素质这样两个方面。从外延的角度看，劳动力资源可以分为潜在的劳动力资源和现实的劳动力资源。潜在的劳动力资源是指一个国家或地区中有劳动能力的劳动适龄人口的总和。现实的劳动力资源是指一个国家或地区实际参加劳动的人口，它等于潜在的劳动力资源减去劳动适龄人口中没有从事社会劳动的人口。劳动力资源具有能动性、时效性、生物性、再生性、增值性等特征。

劳动力市场是市场体系的组成部分，是交换劳动力的场所，即具有劳动能力的劳动者与生产经营中使用劳动力的经济主体之间进行交换的场所，是通过市场配置劳动力的经济关系的总和。

劳动力市场与一般商品市场相比具有以下特点：

（1）区域性市场为主。劳动力市场和其他商品市场一样，也应是全国统一的市场。但是，由于社会生产力在各地区发展水平不平衡，原始手工业、传统的大机器和现代技术产业并存，劳动力的素质悬殊，职业偏见的存在，再加上地区分割等，阻碍了劳动力在全国范围内流动，大多数劳动力只能在区域内运转，只有少数高科技人才可在全国范围内流动，从而形成的主要是区域性市场。

（2）进入劳动力市场的劳动力范围是广泛的，一切具有劳动能力并愿意就业的人都可以进入劳动力市场。由于我国劳动力资源丰富，随着科技的进步、劳动生产率的不断提高，以及经济体制改革的进行，农村剩余劳动力转移，加上国有企业和国家机关拥有一定富余人员，因而在一个相当长的时间里，我国劳动力供大于求，从而形成买方市场。

（3）劳动力的合理配置主要是通过市场流动和交换实现的，市场供求关系调节着社会劳动力在各地区、各部门和各企业之间的流动；劳动报酬受劳动力市场供求和竞争的影响；劳动力在供求双方自愿的基础上实现就业。劳动力市场配置行为，不可避免地会出现劳动者由于原有的劳动技能不能适应新的经济结构的变化而产生的结构性失业现象。

建立劳动力市场是市场经济条件下实现人力资源优化配置的有效手段。劳动力市场的作用是调节劳动力的供求关系，使劳动力与生产资料的比例相适应，实现劳动力合理配置，使企业提高劳动生产率，提高经济效益，保证社会再生产的正常进行。

2.2.2　大学生就业市场

大学生就业市场是大学毕业生择业求职和用人单位招贤纳士、选录人才的场所，是大学毕业生就业所涉及的各种社会关系的总和。在大学生就业市场中，供给方是准备走向社会谋职的学生，他们根据自己的专业知识、择业意向、工作能力等条件选择工作单位。需求方是企事业单位、机关团体等，他们根据岗位要求和毕业生的综合素质，择优录用所需人员，双方的选择结果由供求关系决定。

大学生就业市场的形成不是孤立的、突变的、跳跃性的，它是随着我国经济体制改革、劳动人事制度改革、大学生就业制度改革的不断深入和发展，逐步建立和形成的。随着就业市场的逐步规范，大学生就业市场形成了不同于其他就业市场的类型和特点。

1. 大学生就业市场的类型和形式

大学生就业市场按其外在表现形式可分为有形市场和无形市场。有形市场是指有固定的场所、具体的时间和地点、特定的对象等。无形市场主要是指毕业生联系工作不受特定的时间和空间限制，依据个人意愿，自行选择，其外在表现是没有具体的时间、地点和固定的场所，它是无形的，但又是客观存在的。

目前，有形市场按不同的分类标准，主要有以下几种形式：

• 从举办的单位来分：

（1）学校自办的供需见面会。它是针对本校服务的行业特点和自身的专业特点，邀请与之相关的用人单位参会，主要为本校毕业生服务的就业市场。

（2）多校联办的供需见面会。它是指由两所或两所以上的高校根据自身专业特点或服务对象的相似性联合举办的供需见面会，以地域的近邻或行业相似等原因进行联合，以克服就业市场规模小、单位少、效能差等问题的就业市场形势。

（3）企业自办的大学生就业市场。它是由大型企业和企业集团举办的，以招聘本企业所需毕业生的就业市场。

（4）政府主管部门或人才中介机构主办的大学生就业市场。一是由省、区、市主管毕业生就业的部门组织各高校所设立的大学生就业市场；二是由地方人事主管部门或人才中介机构所设立的人才市场。

• 从举办的区域来分：

（1）区域性大学生就业市场。它是由地方毕业生就业主管部门举办的为本地区经济发展服务的就业市场。

（2）国际性大学生就业市场。它是由国内外的人才中介组织举办的人才市场，实现了毕业生在国际的相互流动，招聘的人才可在国内外大型企业或跨国公司就业，形成了国际性大学生就业市场。

• 从举办的类别来分：

（1）分科类大学生就业市场。它主要是地方毕业生就业主管部门从用人单位和学校两方面考虑，从市场细化的角度出发，把理学、工学、农学、医学、师范等学科类的毕业生分别集中起来，与相应的用人单位双向选择。

（2）分层次大学生就业市场。它主要是指由于招聘单位对学历层次的要求不同而形成的研究生就业市场、本专科毕业生就业市场等。

（3）分行业大学生就业市场。它是由中央部委主管毕业生就业的部门主办的主要为本系统、本行业毕业生和用人单位服务的就业市场。

当然，就业市场随着市场经济的发展已呈现出多种多样的形式，用一种分类标准来划分尚有其局限性。从现状来看，有的有形市场已同时具备几种就业市场的特性，另外，无形市场在毕业生就业过程中的作用也越来越明显。近年来，随着信息化建设步伐的加快，教育部、中央其他部委、各地方和学校在此方面都做了积极的努力和探索。除了教育部推出的高校毕业生就业信息管理和决策系统，各地方、各高校为了进一步完善无形市场的建设，都建立了自己的毕业生就业信息网站和就业信息库，加强了就业信息的交流，实现了信息资源的共享。毕业生和用人单位通过计算机网络进行双向选择，大大提高了效率，节省了物力和财力。有的地方和学校还积极研究、探索开展网上招聘和网上择业的模式。

2. 大学生就业市场的特点

大学生就业市场经过多年的发展，逐步形成了以下几个特点：

(1) 群体性。每年全国有几百万毕业生走出校门、走向社会，它不是孤立的、分散的，而是集体的、聚合的，具有鲜明的群体性。

(2) 时效性。毕业生一般 7 月 1 日开始离校，在此之前，大多数毕业生应落实到具体单位，其时间紧、任务重，且相对集中，具有强烈的时效性。

(3) 需求多变性。大学生就业市场受整个社会政治和经济的影响较大，其需求与经济和社会发展成正比，供求关系靠自身是不能调节的。

(4) 形式多样性。大学生就业市场形势灵活、多样，既有有形的，也有无形的；既有规模大的，也有规模小的；既有综合的，也有分类的；既有区域的，也有部门的等。

(5) 高层次。与其他人才市场相比，大学毕业生是学有所长的专门人才，层次较高，素质较好，能力较强。

(6) 年轻化。毕业生的年龄一般较轻，同时他们所掌握的知识也“年轻”。年龄和知识均具有蓬勃的朝气与锐气，是社会所急需的新生力量。

(7) 初次性。毕业生初出校门，没有实践经验，且多为第一次择业，即初次就业。

2.2.3 劳动力市场与大学生就业市场的关系

劳动力市场是现代市场经济中最重要的生产要素市场。其基本内涵是指劳动力的供给方（劳动者）和劳动力的需求方（企业等用人单位）通过市场竞争，自主达成劳动契约关系。构成劳动力市场的三个基本要素是劳动力的供给、需求和价格。广义地讲，劳动力市场是按市场规律对劳动力资源进行配置和调节的一种机制；狭义地讲，劳动力市场是指劳动力进行流动和交流的场所。劳动力市场上流通的是人的劳动能力，包括体力和智力两个方面。

大学生就业市场是指大学生与用人单位在自愿的基础上，通过双向选择，进行联系、洽谈和签约的就业过程，是一定地区或行业用人单位和大学毕业生供求之间的关系。市场的供给方是高等院校中准备走向社会谋职的应届大学毕业生，他们根据自己的专业知识、择业意向、工作能力等条件选择工作单位；需求方是企事业单位、机关团体等用人机构，他们根据岗位要求和毕业生的综合素质择优选择所需人员。供需双方的选择结果由供求规律决定。

附着在毕业生身上的能力作为特殊的劳动力商品随着大学生毕业进入就业市场，其市场配置同样要受到一般经济规律的支配和制约。我国大学生就业市场从无到有，从不成熟不断走向成熟，正是在经济规律的支配下适应市场需求的结果。我国大学生就业市场，经历了“供需见面”“双向选择”“自主择业”三个阶段后进入完全市场化。从市场的组织形式来看，经历了“试点市场”，高校自办市场和当前多种市场形势并存的这几个大的发展阶段。目前，我国大学就业市场仍处于初级市场阶段，表现出自发、自由、散在等特点。随着我国社会主义市场经济的不断深入发展，产业结构调整后的社会分工将日益细化和专业化。社会生产的专业化从本质上将要求劳动力和人才专业化，同时也要求人才配置环节——大学生就业市场的专门化和专业化。即大学毕业生就业的供需双方要求在对接的过程中实现毕业生的专业化供给和专门化配置。

2.3 人力资源理论

2.3.1 人力资源的界定与特征

人力资源是一切资源中最为宝贵的资源，是第一资源。当代社会经济发展的实践证明，人力资源的有效开发和利用对经济发展起着决定性的作用，人的素质决定了效率。人不仅要被管理，还必须不断被开发，挖掘其潜能，提高其素质。因此，目前在世界范围内，人力资源开发越来越受到人们的重视。

人力资源是指全部人口中具有劳动能力的人。人力资源的概念有狭义与广义之分。人力资源是指能够推动整个经济和社会发展的具有智力劳动与体力劳动能力的人口的总称，它包括数量和质量两个指标。人本身单纯地作为劳动力存在，是自然对象，也是物，是活的、有意识的物。正是由于人是一种特殊的物质存在，因此，与其他物质资源相比较，人力资源具有自己鲜明的个性特征。

1. 再生性

人力资源具有再生性，体现在以下几个方面：人口的再生产、劳动力的再生产、劳动能力的再生产等。

2. 能动性

自然资源在被开发的过程中，完全处于被动的地位，如森林、矿藏、土地、水利等。与自然资源相比较，人力资源具有目的性、主观能动性、可激励性和社会意识性。人力资源可以靠政策、制度、感情、信任、待遇等各种因素去激发和调动其能动性，从而达到开发的目的。

3. 时效性

森林、矿藏、石油等自然资源一般情况下都可以长期储存，并且储而不用，品位和数量既不会下降也不会减少。但人力资源则完全不一样，长期储而不用，就会消退、荒芜甚至过时。

4. 可塑性

人力资源在载体的寿命范围内，通过不同方式的再教育，随着其知识、经验的不断更新和积累，人力资源素质也会发生量变，到一定时期还会产生质变。特别是在当今社会，技术频繁更新，人力资源素质的可塑性更具有非常重要的现实意义。

5. 流动性

水资源、风力资源等自然资源的流动是一种纯天然的流动。但人力资源的流动则完全不同，它有以下两个特点：首先，表现在跨地区、单位、岗位的流动上，甚至可能是跨国家的流动上，多表现为“人往高处走”；其次，还表现在人力资源的派生性方面，主要表现为科技成果在不同空间的流动。随着科技成果的商品化进程加速，作为其载体的人在空间上的流动越来越频繁，越来越活跃。

除此之外，人力资源还具有共用性、持续性、闲置过程的消耗性等特点。

2.3.2 人力资源管理的内涵

人力资源管理，运用现代化的科学方法，对与一定物力相结合的人力进行合理的培训、组织和重新调配，使人力、物力保持最佳比例，同时对人力资源的思想、心理和行为进行恰如其分的引导、控制和协调，使人力资源充分发挥其主观能动性，以实现人尽其才、才尽其用、人事相宜，达到组织目标。从两个方面来理解人力资源管理的内涵：一是对人力资源量的管理，根据人力和物力及其相关变化，对人力资源进行培训、组织和协调，使二者保持经常性的最佳比例，从而有机结合实现人力与物力的最佳效应；二是指采用现代化的科学方法，对人力资源载体的思想、心理和行为进行有效的管理，充分发挥人的主观能动性，以实现组织目标，即对人力资源质的管理。

从世界范围来看，人力资源管理已不是一个新课题。自从当代著名的管理学家彼得·德鲁克（Peter F. Drucker）于 1954 年在《管理的实践》一书中首次提出“人力资源”的概念以来[34]，人力资源管理理论已日益为学术界和企业界所接受，其理论体系与框架已日趋成熟[35-38]。综观人力资源管理理论的发展历程，国际上有关人力资源管理的内涵概括有三类。

第一类是由彼得·德鲁克、巴克等人提出，比尔、莱文和舒勒等人所发展的人力资源管理概念。如舒勒在《管理人力资源》一书中作了以下定义：人力资源管理是采用一系列管理活动来保证对人力资源进行有效的管理，其目的是实现个人、企业和社会的利益[39]。

第二类是由海勒曼、比得森、德斯勒等人提出的。他们认为，人力资源管理是人事管理的一个新名称，是指“为了完成管理工作中涉及人或人事方面的任务所需要掌握的各种概念和技术”[40]。

第三类是由英国管理主义学派的代表者斯托瑞等人在 20 世纪 80 年代末提出的。他们认为，人力资源管理是用来显示管理人合法性的一种不同方法，而不是作为工具或手段而存在的[41]。

目前，我国人力资源管理的理论研究还处于起步阶段。关于人力资源管理的内涵，学术界提出了不同的研究视角。

(1) 认为人力资源管理是对人力这一特殊的资源进行有效开发、合理利用和科学管理。从开发、利用和管理的角度进行定义[42]。

(2) 认为人力资源管理应从两个方面去理解：一方面是对人力资源量的管理；另一方面是对人力资源质的管理，从而实现人的最大的使用价值、发挥其最大的主观能动性和培养全面发展的人。

(3) 认为人力资源管理主要研究组织管理职能（规划、组织、任用、领导和控制）中的任用职能。强调人力资源管理是要协调管理组织人力资源，配合其他资源的利用来实现组织效率和公平的整体目标[43]。

(4) 认为人力资源管理是与生产、营销、财务等管理一样，是企业的一个基本管理职能。人力资源管理的基本功能是获取、整合、保持、激励、控制、调整与开发[44]。

以上说法，尽管从各自不同的角度分析、研究了人力资源管理的内涵，但人是组织中一种最有价值的资源，这一观点均早已被各国学术界广泛接受。笔者认为，人力资源管理作为一种新型的人员管理模式，是建立在“人本主义”管理哲学的基础之上的，把组织的所有员工都作为组织中最有价值的资源来进行管理和开发。人力资源管理的目标是通过有效地开发和管理人力资源，以实现组织绩效和个人满意度的最大化。

2.3.3 大学毕业生人力资源合理配置

大学毕业生作为人力资源开发的主要对象，是人力资源中的重要组成部分。实现大学毕业生人力资源的合理配置和多种因素相关。笔者认为，要完善大学毕业生人力资源科学配置体系以实现大学毕业生资源的合理配置，既与大学毕业生对大学毕业生人力资源作用及其合理配置对高等教育发展的影响认知相关，也与对大学毕业生人力资源合理配置实行市场运作的条件、影响因子的把握程度密切相关[45]。

1. 大学毕业生人力资源的作用及其合理配置

对大学毕业生人力资源的作用及其合理配置对高等教育影响的认知究其本质，大学生人力资源仍然是一种劳动力资源。对大学生人力资源配置有两个问题极为重要：一是高水平人才的培养；二是高品位人力资源（主要是大学生人力资源）的合理配置。我国高等教育的结构不合理和国家产业结构不合理，造成我国大学毕业生人力资源与社会发展的结构性矛盾非常突出，表面看来，大学生的绝对量很大，实际看来，无论是大学毕业生人力资源的数量还是质量都不能适应未来社会发展的要求，大学毕业生人力资源仍然是稀缺性资源。解决这一矛盾的根本出路是高等教育内部调整教育结构，高等教育外部加速产业结构调整，使高等教育的结构调整和社会产业结构调整之间实现良性互动。

2. 大学毕业生人力资源合理配置过程的基本要素分析

在现实条件下，大学毕业生人力资源合理配置的核心要求是要实现毕业生自主择业和用人单位自主选才，即通过大学毕业生就业市场，用人单位和大学毕业生各自根据毕业生数和职业空位的多少和要求，进行自主双向选择，实现“人岗匹配”的目的。大学毕业生人力资源合理配置包括三个基本要素，即供方主体、需方主体和中介方。

3. 结论

(1) 大学毕业生是人力资源，应该以主体角色通过市场方式实现合理化配置。

(2) “人岗匹配”应该是大学毕业生人力资源合理配置的基本原则，大量的人才拥挤在大城市找不到工作，但也存在不少的地域和行业有大量的需求但毕业生资源却进不来、留不住，这不符合人力资源管理的基本原则。

(3) 为了使大学毕业生资源实现合理配置，除了高等教育内部进行调整，本书主要讨论了供方主体、需方主体和中介方的地位与作用，并且认为其主体地位是政府或主管部门不应该也不可能代替的。

2.4　创业学理论

创业学是探索人类创业活动发展过程中的规律的科学，它的研究对象是人类的创业活动。对创业学的研究与教育最早出现在 20 世纪 60 年代末，但它作为一门学科进入中国的高等学府至今只有短短的几年时间。2000 年，西北工业大学针对本科生开设的创业学课程被认为是国内最早的创业教育。总的来说，对创业学的概念到目前还没有形成一致的见解，换句话说，创业学尚未形成一个完整的体系。

2.4.1 创业学概述

1. 创业的定义

目前，在我们所能见到的创业学教材和专著中，对创业的定义可谓“百花齐放，百家争鸣”。归纳起来，大致有三种类型：价值说、功利说和实体说。

(1) 价值说——创造价值。这种观点认为，创业活动的创造性体现在价值的创造上，强调了作为创业者的四个基本方面：一是创业包括一个创造过程。二是创业需要付出时间和努力。三是承担风险。创业的意义在于创新和创造，就是要走别人没有走过的路。独创必有风险。四是回报。风险和回报可以说是一对孪生兄弟，高风险才会有高回报。

(2) 功利说——创造财富或利润。代表性的观点认为，创业是一个开创事业和积累财富的过程，创业活动具有开拓性、自主性和功利性等基本特征。开拓性是指创业对于创业者来说是一项前所未有的事业，虽然创业者可以借鉴、模仿学习前人的经验和方法，但他必须从头做起。创业精神的实质就在于开拓创新。自主性是指创业是一项独立自主的行为，而创业又是创造财富、积累财富的过程，这就决定了创业充满功利性。

(3) 实体说——创建企业。这种观点认为，创业需要一个承担创业的实体，通常这个实体就是企业。创业是创业者依靠自己的想法与实践开创一个新企业，包括新公司的成立以及提供新产品或新服务，以实现创业者的理想。

归纳一下，创业的概念可以分三个层次来理解。

(1) 狭义的创业：创建一个新企业的过程。创建一个新企业需要符合以下几个方面的条件：首先，企业的创办必须符合法定的程序。各国对开办企业都有一些法律的规定，如注册资金、人数、机构、营业范围以及纳税方式和税率等。其次，创业要求企业提供能够满足市场需求的产品或服务。再次，新创企业需要确立适合产品或服务的营销模式。最后，新创企业需要一支创业团队，并能根据企业发展的需要进行有效的管理，包括技术管理、财务管理、营销管理、人力资源管理等。

(2) 次广义的创业：通过企业创造事业的过程。即创建新企业和企业内创业。创建新企业即狭义的创业；企业内创业是指在现有企业框架下，通过在观念、技术、市场、制度、管理等方面的创新，创造新的价值，使企业产生更大的活力。

(3) 广义的创业：创造新的事业的过程。换句话说，所有创造新的事业的过程都是创业。这个事业可以是企业，也可以是其他组织或机构；可以是大型的事业，也可以是小规模的事业甚至“家业”。

一般对创业的界定是以狭义概念来定义的，即创业作为一个经济范畴，主要是指为了创建新企业而进行的、以创造价值为目的、以创新方式将各种经济要素综合起来的一种有目的的经济活动。

2. 创业的核心要素

创业作为人们改造世界的社会活动，是一个动态发展过程，它内含以下几个相互联系的要素：创业者、创业环境、商业机会、组织、资源、创业模式。

2.4.2 大学生创业教育

21 世纪是以创新、创造、创业为特征的世纪。大力开展创业教育是时代的要求、祖国的呼唤。作为高等学校，理所当然地要探寻创业教育的途径和方法，培养学生的创新意识和创业能力，迎接 21 世纪的挑战。大学生创业教育包括创业理论、创业实务、创业实践三个层次或阶段，各层次依次递进[46]。

1. 大学生创业教育的内容

创业是指创造新的职业，创办新的企业。大学生创业就是改变就业观念，利用所学的知识、才能和技术以自筹资金、技术入股、寻求合作等方式创立新的就业岗位。由被动求职到主动创造，把知识的拥有者变为创造价值做出贡献的创业者。从这个意义上来讲，笔者认为大学生创业教育的内容应该包括理解创业含义，启蒙创业意识；激发创业激情；传授创业知识；培养创业能力；加强创业实务与实践等。

2. 大学生创业教育及途径

（1）创业课程设置。①在学校教育中渗透创业教育。在学历教育中，渗透创业教育，根据创业教育的目标和内容来确定课堂内容，主要侧重创业社会知识、创业技能、经营管理知识等内容的渗透。②加强创业课程与专业课程的交叉融合。开放经济学、管理学、法学等学科，拓宽学生的知识面；大学期间全过程地贯穿就业指导与创业指导课，培养大学生的主动精神与创业意识。

（2）营造良好的校园创业文化氛围。①大力宣传创业的意义和价值，使培养创业人才的思想深入人心。②加强教师队伍建设，直接培养学生的创业意识和创业能力。③成立创业者协会等学生社团组织，通过各种社会实践活动来渲染创业氛围。

（3）开展创业实务与实践活动。通过一些以学生自主性活动为主的实践，可以培养更多的创业综合型人才，强化大学生的创业意识，提高创业者的综合素质。

（4）广泛宣传对毕业生自主创业的政策。鼓励自谋职业和自主创业，是党和国家的一项重要政策，各级政府针对大学生自主创业出台不同的优惠政策，为大学生创业提供广阔的舞台。

2.5 自我效能理论

2.5.1 自我效能概述

自我效能是由美国社会学习理论创始人、心理学家阿尔伯特·班杜拉（Albert Bandura）在他的社会认知理论研究中提出的概念。

1. 自我效能的定义

自我效能是对行为操作能力的知觉和有关恪守自我生成能力的信念，自我效能本质上是自我生成的能力，是人类最根本的能力，人们通过它可以对技能进行权衡和判断，也可以对自己的思想加以评价和改变[47]。自我效能的概念可以定义为"个体在执行某一行为操作之前对自己能够在什么水平上完成该行为所具有的信念、判断或主体自我感受"。简而言之，自我效能是人们对在某一特定的情景中组织和运用行动的能力的信念，在形态上表现为个人因素、行为模式和环境因素三部分相互作用和影响的三段交互决定论模型[48]。

2. 自我效能的作用机制

（1）自我效能影响个体的选择过程。这种选择可以表现在两个方面：其一，当个体面临不同的环境条件时，选择什么环境主要取决于自我效能感；其二，当个体可以采用不同的活动来解决任务时，选择哪种活动决定于对可选活动的自我效能感。个体往往会选择自己觉得能够有效应付的环境和活动，避免无法控制的环境和活动，一旦选择决定，所选环境和活动就会反过来影响个体的行为与人格发展。

（2）自我效能影响个体的认知过程。自我效能影响个体行为预期目标的设定，决定个体的动机水平和投入程度，并通过归因和对行为控制点的知觉来影响活动过程中的思维，并进而影响活动的效率。自我效能感强的个体往往把行为的成功归因于自己的能力和努力，这种认知方式能促使个体提高动机水平，发展技能。

（3）自我效能影响个体的动机过程。自我效能通过动机过程对个体产生作用，除了影响人的归因方式、控制点知觉，还会影响到个体在活动过程中的努力程度，以及个体在面临困难、障碍、挫折、失败时对活动的持久力和耐力。高自我效能感的个体促使其在活动中做出更多努力并持之以恒，达到活动目标。低自我效能感的个体则较易满足于中庸的成就，甚至半途而废，放弃努力。

（4）自我效能影响个体的情绪过程。其作用主要表现在个体应激状态、焦虑反应和抑郁程度等情绪反应上，这些情绪反应通过改变思维过程而影响个体的活动及其功能发挥。自我效能感高的个体相信自己能够对环境中的潜在威胁施以有效控制；自我效能感低的个体则常常体验到强烈的应激反应和焦虑，并采取消极的退避或防御行为[49]。

3. 自我效能对职业发展的影响

职业活动是个体获得发展和实现自我价值的主要方式与途径，自我效能感在对职业的追求和在职业的发展过程中起到关键性作用，主要表现在职业的选择、职业的决策、职业的适应、职业的发展等。其中职业的决策最为重要，表现也最为明显，它是指在高速发展、快速变革的当代社会，个体在职业生涯中必须不断进行职业的相关决策。布鲁斯坦（Blustein）的相关研究表明，对职业的决策的自我效能感越强，用来进行职业选择和计划的探索性活动的水平越高[50]；相反如果对自己的职业的决策缺乏自信则会在进行职业的决策时出现困难，且在解决问题时缺乏坚持性和应对的方法策略。

2.5.2 自我效能感的形成与培养

1. 自我效能感的形成

自我效能感的形成主要受到成败经验、替代性经验、言语劝说和情绪唤醒四种信息源的影响。行为的成败经验是个体在行为习得与操作的亲身经历中获得的，因而对自我效能感的形成影响最大，成功的经验可以提高个体的自我效能感，多次失败会降低自我效能感。个体观察示范行为而获得的替代性经验对自我效能感的形成也有巨大的作用，榜样的成功或失败会影响个体的自我效能感。

2. 培养自我效能感的途径

鉴于自我效能感在心理健康方面的显著、积极的作用，有必要在各年龄层加强自我效能感的训练，尤其是儿童和青少年阶段更是一般自我效能感形成的关键时期。培养自我效能感的途径有以下几个方面：

（1）获得首次成功体验。为个体创造良好环境，积极创造个体体验首次成功经验的机会，帮助个体取得多次成功，使个体能够建立起稳定、有效的自我效能感。

（2）外部强化。对个体运用恰当的外部强化，即多采用表扬、肯定等正强化手段，少采用批评、指责、强硬控制等负强化手段，使个体能够看到自己的进步，以增强个体的自信与自我效能感。

（3）自我强化。培养青少年进行积极的自我强化，以自我奖赏的方式激励或维持自己达到某个标准的行为过程，帮助个人建立合理的评价标准，对自己的行为能力保持信心。

（4）归因训练。归因对人们的情绪、动机、行为等产生重要的影响，可以改变个体的自我效能感。对个体进行归因训练，诊断出个体的归因倾向，适时地进行积极归因训练，让个体将成功归因于自身的能力，将失败归因于努力程度不够，形成积极主动的认知策略和元认知策略。

2.5.3 大学生自我效能的培养

1. 当前大学生就业工作存在的问题

21世纪以来，高校大扩招，大学毕业生不得不面对就业率逐年走低、就业形势日益严峻的局面。大学生就业难题由多种因素造成，除高等教育发展速度和规模与社会经济发展不相匹配外，大学生就业市场建设的好坏，大学生自身素质与社会需求之间的不匹配等都是影响其顺利就业的主要因素。另外，还有一个重要方面就是其主观因素也是影响其顺利就业的重要因素，其主要表现为对职业选择没有心理准备、缺乏长远职业规划、消极应对求职挫折和心理冲突等。

个体自我效能感是择业和职业发展过程中的关键因素，大学毕业生对自己求职是否成功以及能否胜任工作的低自我效能感是导致就业困难重要的原因之一。在教育过程中加强对大学生的自我效能培养，以提高他们求职行为的有效性、促进其顺利就业，成为解决大学生就业问题不同于以往的有效尝试。

2. 培养大学生自我效能的有效途径

（1）开设专门的训练课程，将培养纳入教育体系。将自我效能的培养作为就业心理教育的重要方面纳入正式的课程体系中，将它的理论和效用作为心理健康教育的重要部分介绍给大学生，让他们对其功能作用和影响有明晰的认知，了解到高与低的自我效能个体在完成某项任务时个体在活动的动机、持久性上的差异和对活动结果所带来的影响，使他们能够产生努力提高自我效能的强烈内在动机，能自觉、主动地从意识层面上加强对自我效能的培养。与教学活动相结合，潜移默化地影响大学生并积极引导大学生设置合适的学习目标。教学活动中师生相互合作和支持，建立积极和多维度的学生评价体系。

（2）开展丰富的实践活动。R. Schwarzer 等在研究中发现不依赖领域为转移的一般自我效能感可使个体在应对不同环境的挑战或面对新事物时有总体的信心[51]。通过学校教育有目的地提高大学生自我效能水平，不仅可使他们在学业上更有信心，形成更强的学习动机和坚持性，更对在心理层面上促进大学生顺利就业具有重要的实践意义。这种培养方式既符合大学生心理发展的规律，又符合我国高等教育的实际情况，同时也对教育者提出了更高要求。作为教育者应当着重创造有利的教育体系，使大学生在获得知识技能的同时，建立高的自我效能水平，从根本上提高大学生的就业能力，为其顺利就业做好主动和充分的准备。

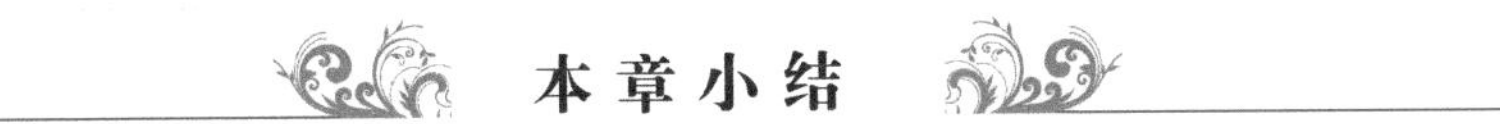

本章小结

本章对大学生就业市场优化研究过程中主要运用的一些基本理论进行了介绍，明晰了“95 后”大学生的“慢就业”“懒就业”现象，归纳总结相关的劳动力市场理论、人力资源理论、创业学理论、自我效能理论等相关理论。

第3章 大学生就业市场供需结构优化

党的十九大报告中明确指出：“中国特色社会主义进入新时代，我国社会主要矛盾已经转化为人民日益增长的美好生活需要和不平衡不充分的发展之间的矛盾。”国家发展和改革委员会曾明确指出“高校毕业生依然面临结构性就业难题”，也就是就业的供需结构性矛盾。所谓“结构性就业难题”，一方面是指学校专业设置与市场需求存在差异，致使许多专业的就业形势冷热不均；另一方面，许多毕业生的目标就业地域和职业过于集中，导致部分地区和岗位人才过剩，而另一些真正需要人才的地区和岗位乏人问津。本章从大学生就业市场供需结构优化的角度出发对大学生就业市场优化问题进行讨论，对国家关于解决大学生就业问题的相关优惠政策、高校专业设置问题、大学生创业问题等进行分析，并提出自己独立的思考和建议。

3.1 大学生就业市场人才需求的特点

当今大学生就业市场具有“买方市场”特征，大学毕业生就业竞争愈显激烈，用人单位对其素质要求标准越来越高，其选择更加理性，不再单纯追求人才的数量，而是更加注重毕业生的综合素质。许多用人单位已将综合素质作为评价毕业生“实力”的主要依据和择人标准，不再挑选过去那种划分得过细的专门型人才，而是偏好基础宽厚、专业坚实、能力强、素质优良的复合型人才。在拓宽专业的基础上，淡化原有专业界限，整体优化专业人才。基础宽厚主要体现在掌握各学科中最基础和必需的，反映该学科社会、自然、文化、经济、管理等背景的基础知识。在大学生就业市场上出现了即使同一学校、同一专业，因综合素质不同而就业去向差别较大的现象。综合素质高的毕业生深受青睐，他们就业面宽，选择机会多、余地大，常常供不应求；相反，综合素质偏低者可能会因为受到嫌弃而过剩，出现就业难的现象。此外，从近年人才市场和就业形势反馈的信息来看，新形势下用人单位对人才的要求包括以下几个主要方面：

（1）较高的政治思想素质和高尚的品德。从多年大学生就业情况来看，用人单位普遍欢迎政治思想素质好、品德高尚的学生。例如，优秀毕业生、优秀学生干部、三好学生、共产党员及诚实守信的毕业生在就业市场上更受到用人单位的青睐。

（2）具有扎实的基础知识、良好的专业能力和工具性水平能力。在大学生就业市场上，成绩优良、知识面宽、综合能力强的毕业生普遍受到青睐。具有外语四级、计算机二级及其以上等级证书等工具性水平能力的强者已是许多用人单位和一些城市接受毕业生的基本要求，更高层次单位要求学生外语六级以上。干一行，爱一行，熟一行，专业能力和工具性水平能力是做好本职工作的最重要能力。

（3）具有强烈的事业心和责任感。用人单位十分看重毕业生的事业心和责任感，也特别欢迎事业心强、目光远大、心胸开阔、具有强烈使命感和社会责任感的人，而对那些只注重个人价值，动不动就“跳槽”者则表示出不满。

（4）具有吃苦耐劳的精神。现在的大学生由于在基础教育阶段被家长和师长保护得过多，其结果是培养的学生怕吃苦，缺乏实干的奋斗精神。因而，许多用人单位十分看重毕业生是否具有吃苦耐劳的精神。那些缺乏吃苦精神，“骄”“娇”二气十足、只坐享其成的人是不受欢迎的。

（5）具有较强的动手能力和创新意识。绝大多数用人单位在招聘毕业生时，十分看重毕业生的动手实践能力，并要求毕业生具有一定的工作能力和实践经验。例如，学生干部、社会实践活跃分子等因为他们大多工作能力强，一上岗就能独当一面而受到用人单位的欢迎。在校期间有论文、著作发表者之所以“抢手”，也是因为他们用自己的“成果”证明了其实际能力和创新意识。

（6）良好的沟通能力、适应能力和团队精神。①沟通能力。当今社会，人类科学技术高度发达，很多工作已不是一个人独当一面就能完成的，集体力量是最强大的。因此，人与人之间、社会组织与人之间、各社会组织之间正在加紧彼此间的交流、沟通与合作，工作的繁重性使得做好彼此间的沟通变得十分重要。因此，沟通能力是新形势下社会对人才的一项重要要求。②适应能力。市场经济年代，企业与个人彼此自由地选择对方，优胜劣汰，日益激烈的竞争，使一些单位的精兵简政势在必行，跟以往相比，个人进入新环境的可能性更大。能否更好、更快地适应新的环境，在新的环境下扬长避短成为新形势下衡量一个人能力的重要指标。③团队精神。团结就是力量，加强彼此间的合作，利用彼此富余的资源，互补余缺，意义重大。要做好工作，离不开合作。如何提高合作的效率和质量又是相当重要的问题，合作的效率与质量的高低就取决于合作双方的团队协作精神。

（7）创新能力。创新是一个企业的灵魂，没有创新就没有生命力，没有可持续发展的潜力，就没有立于不败之地的竞争力。随着全球一体化的加速发展，我们迎来了越来越多的机遇和挑战，能否在新形势下恰当地标新立异，敢为人先，取得竞争中的制高点，这取决于企业人才的学习与创新能力。

（8）综合素质和职业精神。不少企业人力资源部经理表示，学生在学校学习的专业课成绩基本上差不多，被录用后，经过进一步的培训学习，基本上都能达到企业所需的员工素质。实际上，在招聘过程中，决定一个毕业生是否受招聘单位青睐的一个重要方面就是综合素质。

综合素质包括一个人的道德素质、文明素质、文化素质以及价值观等。几乎所有的用人单位都认为一个受欢迎的人，首先必须具备诚信、自信心、执行力、团队精神和交际能力。一个大学生是否具有多方面的技能，如熟练的计算机操作，良好的表达和沟通能力，也都成为用人单位目前所关注的目标。另外，是否有一定的工作经验，也成为大学生就业时的一块敲门砖。

是否具有职业精神也很重要。如今，缺少职业精神成为不少用人单位对新人不满的重要一点。一些用人单位的负责人表示，用人单位用人其实就跟年轻人找对象一样，都希望能找到“负责任”的人，现在一些大学生缺少职业精神，做不到“干一行爱一行”，达不到事事以服务用人单位的利益为出发点的职业要求，这也是用人单位感慨良才难求的原因。

当然，现代新形势下用人单位对人才的要求不仅包括上述8点，其他方面如经验、成熟程度、调查能力等均不可忽视，只是对大多数用人单位来说上述8点是首要的。尽管对不同职位的人而言，用人单位对其各方面能力提出的要求也理所当然不一致，但以上8点仍是基本要求。

根据《2019—2020中国企业校园招聘趋势报告》统计的行业企业对毕业生素质的要求情况（表3-1），发现各个行业在拥有各自特点的同时，也存在很强的一致性。

表3-1　行业企业对毕业生素质的要求情况

行　业	毕业生素质要求
IT/互联网行业	偏爱高合作性、尽责和学习能力强的候选人，今年愈加重视行业能力
地产/建筑行业	偏爱高能量的候选人，与前一年相比新增了严谨细致，更关心积极主动和沟通能力
金融/银行/保险行业	偏爱负责和有合作性的候选人，与前一年相比更关心坚韧性和积极主动
生产/加工制造行业	关注认真负责和有协作性的“工匠”，与前一年相比多了严谨细致，更强调抗压能力
消费/贸易/批发/零售行业	相比其他行业更为看重积极主动和坚韧性，强调抗压能力和高效执行能力
生物制药/医疗行业	相比其他行业更为看重抗压能力，强调积极主动
专业服务/教育/培训行业	相比其他行业更为看重坚韧性和学习能力

总之，未来用人单位对专业人才的要求是要具有宽广的知识面，需要的是适应性、创新意识、综合能力、接受挑战性工作能力、知识更新能力、终身学习能力和基础素质都较强的人才。而只“专”不活、“尖”“利”不和、缺乏个性特点、缺乏责任感和以自我为中心、不善与人相处、人际关系紧张的人都不受欢迎。

3.2 大学生就业市场人才供给的特点

近年来，我国实现了高等教育的跨越式发展，用短短几年时间走完美国、英国、日本等发达国家用十几年甚至几十年才完成的高等教育由精英到大众化的转变道路。高等教育大众化阶段的大学毕业生就业特点与精英高等教育阶段相比，大学生就业市场供给方具有以下特点[52]：

(1) 大学毕业生的身份由“精英”向“大众化”转变。马丁·特罗(Martin Trow)教授1973年在《从精英向大众高等教育转变中的问题》一文中分析了精英、大众化和普及化三个阶段高等教育的特征，随着更多的适龄青年有机会进入大学，大学生由“天之骄子”变为普通老百姓。在精英教育阶段，高等教育培养的治国精英和学术精英，赋予了这些精英以职业阶梯上高等级和社会结构中高位置的作用。高等教育培养出来的精英人才是社会稀缺资源，称为“天之骄子”，面临着“皇帝的女儿不愁嫁”的先天优势，与之相适应的是在社会精英岗位上的就业。在我国精英高等教育阶段，大学毕业生就业实行“统包统分”的分配制度，大学毕业生包当“国家干部”。在大众化高等教育阶段，高等教育从满足培养少数治国精英需求转向同时满足更广泛的社会需求和公民的个人全面发展要求。高等教育是提高国民素质的一种手段而不是必然地和所谓的精英职业联系在一起的。就大学毕业生整体的就业情况而言，步入了“大众化就业”时代后，社会精英岗位与大学毕业生数量相比显得短缺，大学生由精英时代的“宠儿”化身为普通老百姓，不再享受“统包统分”的待遇，而是公平地参与社会竞争就业。小部分大学生通过竞争得到精英岗位，还有更大部分的大学毕业生从事与大众化相适应的工作。随着高等教育向普及化的推进，这种就业现象将变得更为普遍和习以为常。

(2) 大学生就业市场特征由“卖方市场”向“买方市场”转化。在精英高等教育阶段，大学毕业生是社会稀缺资源，择业余地大，就业压力小，特别是我国实行“统包统分”的分配制度，大学毕业生完全由国家负责安排就业，根本不存在就业压力。高等教育进入大众化教育阶段后，社会上精英岗位非常稀缺，绝大多数大学毕业生实现“大众化”就业，大学毕业生内部也出现明显的分化，校校之间、学历之间、个体之间的竞争在大学生就业市场上演绎得淋漓尽致。从此，大学毕业生就业问题理所当然地从学校工作的边沿走向中心，成为影响高等教育可持续发展的决定性因素，成为社会关注的焦点和热点。

（3）大学毕业生从业的比重由第一、第二、第三产业走向第三、第二、第一产业。随着社会的发展和科学技术水平的提高，第三产业从业人员的迅速增加属于世界性规律。发达国家和后工业化国家第三产业从业人员比重一般达到60%~75%，2006年我国第三产业从业人员的比重是39.9%。虽然我国各产业从业人员的比重与发达国家甚至部分发展中国家相比还有不小的距离，但就业结构优化的速度在不断加快。可以预见在将来，随着我国高等教育大众化及“全面建成小康社会”的推进，第三产业从业人员必将大幅度增加，将会超过50%。由此可见，我国第三产业的发展空间巨大，发展前景非常好。大量大学毕业生在第三产业就业是高等教育大众化时代大学毕业生就业的一个显著特点。

（4）大众化时代的高校毕业生具有以下的一些优点和缺点：

1）优点。①拥有更新的知识，知识量相对丰富，智商整体水平较高。现代发达的媒体特别是计算机网络让当代大学生走在时代的前沿。但当代大学生选专业时，忽视个人能力与兴趣特点而盲目选读热门专业的现象普遍，造成个人潜力未能很好地被挖掘。就业时，专业与职业不对口的情况比比皆是。②合作能力明显强于一般人，在大学里各种社团举办多种类型的校园活动，让大学生的合作能力得到了很好的锻炼。③创新意识与创业能力明显强于以往的学生。

2）缺点。①适应能力不强。当代大学生多半为独生子女，自幼生长在娇生惯养的家庭里，凡事由父母一手包办，缺乏接触社会锻炼自己适应能力的机会。②学生综合素质不高，个人修养偏低。由于目前的教育体制比较重视教学的质量，忽视了对学生综合素质和个人修养的培养，使大学生进入就业市场后显得茫然无措和无所适从。在双向选择和接受面试时，或缺乏自信，发挥失常；或过于傲慢，言过其实；或不修边幅、着装随便，缺乏职业形象气质，与企业氛围不协调等。因此，相当一部分大学生在求职过程中，把已经用简历叩开的企业大门，却因为个人修养偏低而关上。③知识陈旧，转化率低。60%被调查的企业反映，应届大学生到岗工作，实际知识应用率不足40%。我国大学生一般在1~1.5年才能独立完成工作，而发达国家的大学生只要2~3个月。④缺乏规划，目标模糊。目前，国内多数学生对职业目标相对模糊，没有把兴趣、爱好与自己所学专业很好地结合。多数学生参加人才交流会都有一种“赶集”的感觉，没目标、没准备，全凭碰运气，大学生供需见面会对接成功率一般在30%。⑤依赖性强，创造力弱。我国部分大学生表现出“五靠”：考大学靠压（家长监督学习），报志愿靠拍（家长定），上大学靠供（家长投资），找工作靠关系（家长运作），选择职业靠感觉（没有科学的分析，家长凭经验）。大学生完全独立遵循自己的意愿选专业、定职业、找工作的仅占被调查群体的40%。⑥沟通能力不足。缺乏人际沟通和社会信息的收集能力，这一点是工科院校毕业生和从事纯技术工作人员的通病，往往是只会技术而不善于沟通，在团队项目中很难有大的作为。⑦责任感严重缺失。相当一批毕业生对自身责任没有清楚的认知，到单位想的只是待遇和条件，稍不如意就跳槽，导致一些公司不敢给新来的大学生较高待遇，而待遇不好又很难招聘到或留住优秀人才，从而形成恶性循环。⑧动手实践能力不强。工作岗位上经常会遇到许多实际问题，需要动手解决的，而大学生往往缺乏解决这些问题的能力，需要通过较长时间的实际操作才能胜任工作。⑨缺乏吃苦耐劳的精神。没有做好吃苦的打算，对工作上所遇到的困难完全没有预计，遇到挫折就垂头丧气，打不起精神，抗压能力不强。

对照新形势下用人单位对人才的需求特点与当今大学生职业素质的特点，我们看到当代大学生与以前的大学生相比，在某些方面具有一定的优势，但劣势更加明显，在当前高等教育大众化形势下，这些劣势是导致大学生就业难问题的重要因素。

3.3　大学生就业市场供需结构分析

3.3.1　大学生就业市场供需制度的阶段划分

当高等教育处在精英教育阶段时，高等学校毕业生供给小于社会需求，属于“卖方市场”。在人才全面短缺的情况下，无论什么专业培养出什么样的专业人才，几乎都可以被社会接纳。此时，社会提供的“精英”岗位充足，高等学校的毕业生主要在社会较高层次的“精英”岗位上就业，因而很少遭遇就业困难。这种精英式的就业，在计划分配的毕业生就业阶段表现得非常明显。政府按照“国家干部”的身份，将高等学校的毕业生分配到高级技术、高层次管理等专门或专业的岗位上。在人们的意识中，大学毕业生被人羡慕、尊重，甚至是被推崇的“社会精英”。当高等教育迈向大众化教育阶段时，高等学校毕业生供给大于社会需求，属于“买方市场”。此时，社会提供的“精英”岗位非常有限，高等学校的毕业生主要在社会“大众化”岗位上就业[53]。随着高等教育转变为大众教育，我国大学生就业制度也经历了“统包统分”、改革的调适过渡以及市场化政策实施三个阶段。

（1）1978—1987年：“统包统分”，即大学生就业由国家负责，按照计划统一分配。

（2）1988—1997年：双向选择，即在国家方针政策指导下，学生选报志愿、学校推荐、用人单位择优录用。

(3) 1998 年至今：自主择业，即少数毕业生由国家安排就业，多数毕业生自主选择职业。就业背景：自 1999 年高校大扩招以来，我国的高等教育事业取得了长足的进展。实施市场化就业政策之后，大学生市场化就业政策促进人力资源的合理使用和调配，对经济发展起到了重要作用。然而，随着我国高等教育大众化的突飞猛进，社会出现了大学生“就业难”的现象。其中，2008 年席卷全球的金融危机对 2009 年高校毕业生就业产生了极大影响。2019 年 12 月的新冠肺炎疫情，以及疫情防控常态化下，对经济社会产生巨大影响的同时，对 2020 届的 874 万应届毕业生就业（需要在市场化机构就业的大约有 590 万大学生）也造成了较大影响。具体为：国内疫情防控下，对岗位需求、线下招聘、技能培训、实习实践等提出新挑战；国际疫情防控下，尚未迎来抗疫“拐点”的出现之际，2020 年全球商品贸易预计下滑 13%～32%，全球经济预测下滑 30%①。

3.3.2 大学生就业市场供需的结构性矛盾

中国人民大学中国就业研究所联合智联招聘公司于 2020 年 2 月 13 日至 3 月 27 日，通过网络问卷对大学生群体进行了在线调查，共收集样本 10 870 个，其中，毕业生样本为 7571 个，主要针对高校毕业生群体进行分析，学校所在地不仅覆盖全国 31 个省、区、市，还有部分境外地区的学生样本，具有一定的代表性，在此借鉴该报告进一步分析我国大学生就业市场的供需结构②。从大学生个人特征来看，性别比例方面，男性占比为 41.9%，女性占比为 58.1%。户籍类型方面，农村户籍为 60.6%，城市户籍为 39.4%。从大学生学历分布来看，本科学历较多，为 74.4%，而大专生和研究生占比相对较少，分别为 16.8% 和 8.8%。从专业分布来看，工学类、经管类、理学类较多，占比分别为 33.1%、28.9%和 10.5%，而语言类、人文学类、医学类、法学类专业相对较少，分别为 4.1%、3.7%、2.5%和 1.6%。从学校类型来看，普通本科的毕业生占比最多，为 63.1%，来自专科院校、双一流院校和科研院所的毕业生占比分别为 18.0%、16.8%和 2.2%。根据调查分析，发现大学生就业市场供需结构存在以下不均衡情况：

1. 单位就业为主要去向，选择创业比例较少

从不同学历就业去向（表 3-2）来看，总体上单位就业为毕业生的主要去向。其比例最高，为 75.8%；其次，自由职业和国内/外升学，所占比例分别为

---

① 源自：世界贸易组织、国际货币基金组织报告。

② 源自：《2020 年大学生就业力报告》，中国人民大学中国就业研究所，智联招聘。

7.7%和7.5%；而选择创业或其他的毕业生比例最低，仅占2.8%；另外，还有一部分学生选择“拟考研”“拟出国”及“暂不就业”等形式的慢就业，所占比例为6.2%。从分学历来看，不同学历的学生就业去向有所差异。硕士生主要选择单位就业，这一比例接近90%；本科生更倾向于国内/外升学，尤其对于双一流院校的学生而言，选择升学深造的比例更高；而大专生在自由职业、慢就业、创业或其他等就业去向的占比要高于其他群体。显然，在就业、升学和创业选择上，大学生就业市场供需结构存在错位，内部比例悬殊。

表3-2 不同学历就业去向 单位：%

学历	单位就业	自由职业	国内/外升学	慢就业	创业或其他	合计
大专	70.8	12.6	4.3	7.2	5.0	100.0
本科	75.3	7.1	8.8	6.3	2.4	100.0
硕士	89.6	3.3	2.4	2.7	2.0	100.0
总体	75.8	7.7	7.5	6.2	2.8	100.0

2. 一线、新一线城市成为就业首选之地

从期望就业城市排名来看，一线、新一线城市及部分省会城市成为毕业生的首要选择。表3-3中列出了期望就业城市排名，具体来看，期望去北京、广州、成都、上海、深圳、杭州、南京、西安、重庆、郑州等城市就业的学生比例最高，这些城市的知名企业数量及就业机会较多，同时人才竞争也相对激烈。另外，一些二线城市，如石家庄、沈阳、太原、南宁、长春、呼和浩特、南昌等，以省会城市为主，近年来发展迅速，也逐渐成为毕业生期望就业的首选之地。值得一提的是，北京、上海、广州、深圳这四个一线城市为大学生提供了21.4%的工作岗位，但拥有这四个城市户口的大学生比重仅占3.5%，特别是前往北京和上海的大学毕业生将面临严峻的落户难问题。相较之下，西部地区城市、乡村等则不是大学毕业生的就业期望地。很显然，在就业地域选择上，大学生就业市场供需结构存在错位，意愿反差强烈。

3. 更多毕业生期望进入国有、民营企业

从期望就业的企业类型来看，如图3-1所示，更多毕业生期望进入国有、民营企业。具体来看，期望进入国有企业的比例最多，为36.0%；其次，为民营企业，所占比例为25.1%；再次，为三资企业和事业单位，比例分别为16.0%和14.0%；而选择国家机关和其他类型企业的比例相对较少。从不同学历期望就业的企业类型（图3-2）来看，硕士生选择进入国有企业、三资企业和国家机关的比例要高于其他群体；专科生选择进入事业单位、民营企业的比例相对较高。

表 3-3 期望就业城市排名

排名	城市	比例/%	排名	城市	比例/%	排名	城市	比例/%
1	北京市	8.6	11	天津市	3.0	21	沈阳市	1.5
2	广州市	6.3	12	青岛市	2.4	22	太原市	1.3
3	成都市	6.3	13	武汉市	2.4	23	厦门市	1.0
4	上海市	6.3	14	长沙市	2.3	24	南宁市	1.0
5	深圳市	5.2	15	贵阳市	2.1	25	福州市	0.8
6	杭州市	4.8	16	昆明市	2.0	26	长春市	0.7
7	南京市	4.7	17	济南市	1.9	27	呼和浩特市	0.7
8	西安市	3.7	18	苏州市	1.9	28	南昌市	0.7
9	重庆市	3.3	19	合肥市	1.8	29	佛山市	0.7
10	郑州市	3.3	20	石家庄市	1.6	30	大连市	0.6

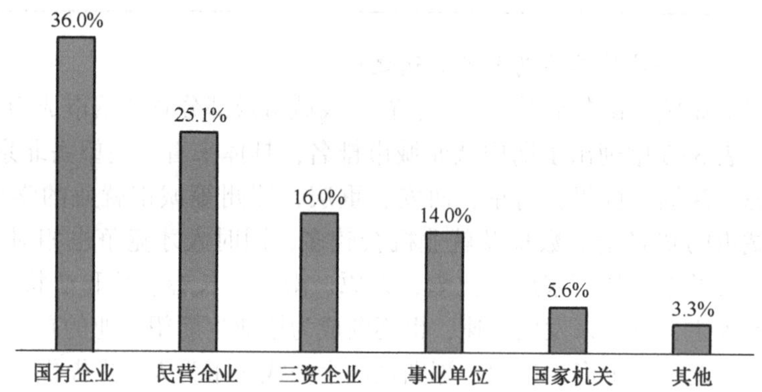

图 3-1 毕业生期望就业的企业类型

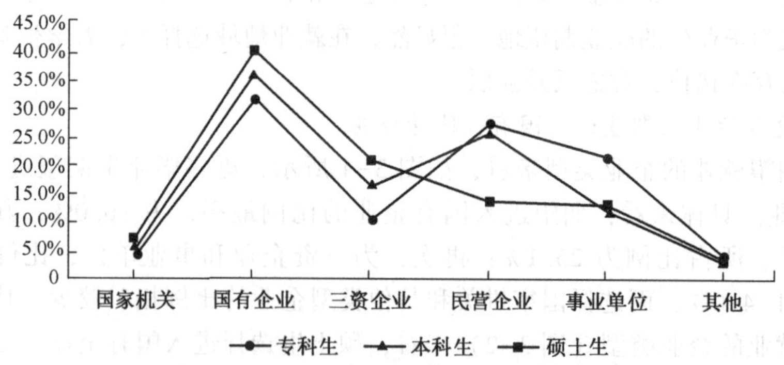

图 3-2 不同学历毕业生期望就业的企业类型

从就业实际来看，当前民营企业为大学毕业生提供了65.8%的岗位需求，但2020年6月只有27.8%的大学生简历投递到民营企业。相反，国企、外企和上市公司分别只提供了5.4%、5.2%和6.8%的大学生岗位需求，但投递到这三类企业的大学生简历比重分别达到13.8%、16.3%和11.3%。不可否认，大学毕业生对不同性质企业有如此大的就业偏好差异，是大学生就业市场上最大的一类供需错配。

很显然，在就业单位类型选择上，无论是就业意愿选择或就业实际行动，大学生就业市场供需结构都存在错位，更多毕业生偏向于进入国有、民营企业。

4. 毕业生的行业偏好性强，造成行业需求与供给矛盾

大学生更倾向于进入收入高、保障好、市场压力小的行业，如求职热度较高的政府/公共事业/非营利机构，交通/运输、能源/矿产等行业。相反，大学生不热衷于进入市场化程度较高、职业起步阶段不稳定的行业，如中介服务业，教育/培训、娱乐/体育/休闲等行业。从毕业生期望就业行业分布（图3-3）来看，期望就职于IT/通信/电子/互联网、文化/传媒/娱乐/体育、商业服务（咨询/财会/法律/广告/公关/认证/……）、金融业等行业的比例相对较高，分别为25.1%、10.7%、9.2%和8.1%，这些行业主要为新经济行业，薪酬待遇优厚、科技含量较高、发展空间较好，与当下新一代求职者择业需求相契合。因而，毕业生的行业偏好加剧了行业的就业需求与供给的结构性矛盾。

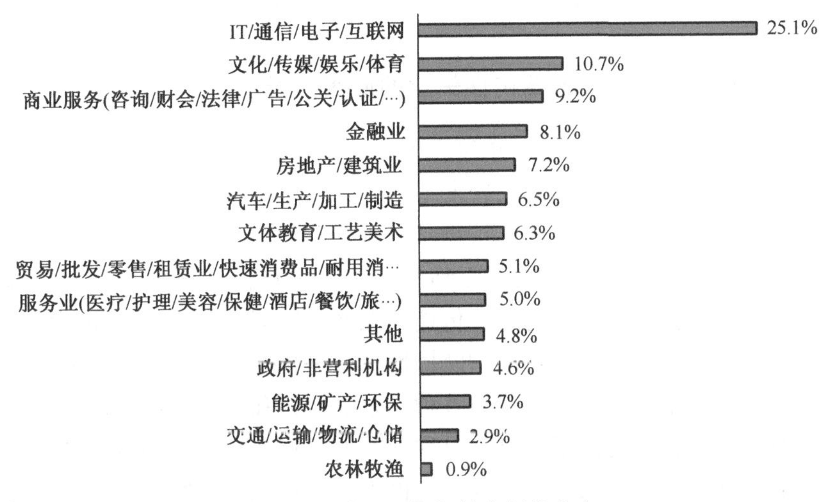

图3-3　毕业生期望就业行业分布

5. 毕业生的岗位偏好性强，造成岗位需求与供给矛盾

大学生更期望从事体面稳定的高级白领类职业，如广告/会展、财务/审计/税务、项目管理/项目协调等，这些职业表现出供不应求的特征。与此相对，大学生对那些劳动强度大、平台低、流动性强的职业热情较低，如销售类、房地产

经纪与中介以及技工/操作工。图 3-4 显示毕业生期望就业岗位，发现毕业生更青睐于技术、财务/审计/税务、行政/后勤/文秘、运营等岗位，所占比例分别为 18.3%、12.9%、11.6%和 9.4%，这也进一步反映了与这些岗位对应的专业学生人数较多，求职竞争相对激烈，岗位的需求与供给结构性矛盾加剧。

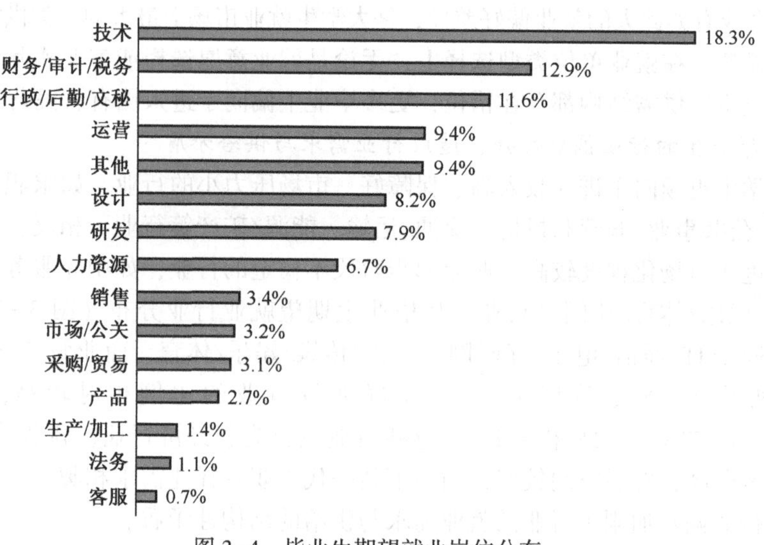

图 3-4　毕业生期望就业岗位分布

3.3.3　大学生就业市场结构性失业的原因分析

现代经济学理论认为，失业分为三种：总量失业、结构性失业和摩擦性失业。中国人民大学劳动人事院院长曾湘泉认为，大学生就业难的原因复杂，与当前经济衰退造成的需求下降、供给持续超过需求和教育培养体制不完善有关，但作为高端人力资源的大学生，他们面临的突出问题仍是摩擦性失业和结构性失业。前者主要由于就业信息不充分、传播不顺畅等原因造成，后者主要源于求职者技能与空缺的职位不匹配。其中的摩擦性失业是指求职者与工作相匹配的过程所引起的失业，它是由于经济运行中各种因素的变化和劳动力市场的功能缺陷所造成的临时性失业，多是由于信息不对称导致的，且多数是求职者为获得合意职业所做出的一种选择。专家分析认为，摩擦性失业在我国最突出的表现就是，一方面大学毕业生的就业难问题日益凸显；另一方面我国某些地区却面临着严重的“技工荒”。从近年来的发展趋势分析，随着劳动者自我意识的提高和维权意识的增强，他们对用人单位在用工管理、社会保障、劳动条件、工资报酬等方面提出了更高的要求，但用人单位在这些方面的进展却相对缓慢，不能适应求职者的要求。当然也不能排除我国局部地区过度依赖资本密集型和技术密集型产业，而忽视了对劳动密集型产业的扶持，这会直接导致当地劳动力的就业压力。市场进行调节的同时，同样有一部分人不愿接受现有条件，成为自愿失业者或摩擦性失业者。根据工作找寻理论，在信息不对称的大学生就业市场上，特别是毕业生基本上是属于初次就业者，因而有部分毕业生在毕业时不能落实就业岗位，成为继续进行“工作找寻”的临时性失业者完全属于一种正常现象[54]。

结构性失业是指由于经济结构、体制、增长方式等的变动，劳动力在包括技能、经验、工种、知识、年龄、性别、主观意愿、地区等方面的供给结构与需求结构不相一致而导致的失业。结构性失业也是我国大学生就业过程中的一个重大问题，即一方面大学生就业难；另一方面许多职位却空缺着。据统计，国内从业人口中，具有各类大专以上学历的人员仅占 5%，而发达国家的这个数据已达到 25% 以上，“大学生的总供给并没有大于总需求”。从 1998 年起我国开始加速高等教育发展，近几年高校毕业生人数均保持每年 20% ~ 30%、150 万人的增幅增长，在一定程度上超过了职场可提供岗位的增幅，成为当前高校毕业生就业形势吃紧的主要原因。同时，学校、学历、性别和专业等因素对毕业生就业的影响很大。一般而言，重点高校、本科以上学历、男性和理工科的大学毕业生相对其他毕业生更容易找到工作。另外，职场“经验准入”门槛过高，动辄要求求职者具有 2~3 年的工作经验，有 35% 的被访毕业生表示，因为缺少实际工作经验而难以落实工作。总的来看，造成大学生结构性失业的主要原因有以下几点：

（1）大学毕业生供给总量持续增加，达到近年来的最高值。2020 年，大学毕业生总量达到 874 万，创历史新高。另外，由于有一批学生当年毕业后未能及时就业，历年累积，2020 年要求就业的大学毕业生达到 900 万人以上。与此同时，大学毕业生需求数量减少。受疫情影响，企业用人需求总量减少，可供给大学毕业生的就业岗位将进一步减少，毕业生求职面临很大困难和不便。

（2）大学毕业生就业渠道不畅。一方面，非公有制企业向国有企业和事业单位流动渠道不畅通。受现行户籍、人事档案管理、社会保险、干部身份等制度制约，大学毕业生从非公有制企业到国有企业、国家机关、事业单位的流动存在不少阻碍，而毕业生到非公有制企业就业的积极性也不高。一些中小企业管理不规范，制度不健全，难以吸引和留住大学毕业生。部分大学毕业生受传统就业观念影响，也不愿意去非公有制企业。另一方面，城乡基层对大学毕业生有较大需求，但由于经济条件、生活便利以及相关政策和制度尚不完善，大学生下基层就业的渠道也有待进一步畅通。

（3）大学毕业生就业供需不匹配的矛盾突出。一方面，部分学科专业结构设置与人力资源市场需求脱节的问题尚需进一步解决。另一方面，毕业生就业期望与现实的用人需求、毕业生就业能力与岗位要求也不完全匹配。

(4) 高校专业和课程设置缺乏市场导向，大学人才培养与社会实际需求脱节。从某种程度上而言我国高等教育还滞留在计划经济时代，许多大学专业的设置和教学内容、方法、培养目标模糊，教师队伍的数量和质量也存在一定的欠缺。

(5) 大学毕业生的职业素质结构相对落后。大学毕业生的职业素质是用人单位录用时考虑的重点，但目前大学毕业生的职业素质结构落后于市场的需要，主要表现在三个方面：一是专业基础知识不扎实。扎实的基础知识和专业知识非常重要，学好本专业课程是学生的第一要务，通过专业课程的学习，可以培养学生的创新精神和实践能力，也是大学生专业技能形成的重要基础，更是大学生未来发展的基石。二是工具性水平能力较差，随着全球化进程加速，工具性水平能力显得尤其重要。三是缺乏职业规划。

(6) 地域性、行业性等结构性失业。地域性、行业性等结构性失业是指劳动者的地域、行业分布与流动不对称所造成的失业。现阶段，这种现象在我国十分严重，在我国的一些大城市如深圳、上海，已经出现严重的人才高消费现象，但在一些中小城市、县域及以下和一些艰苦的行业却面临人才特别是高层次人才的严重短缺问题。一方面，这些地方经济和社会发展相对落后，行业相对艰苦，急需人才来推动社会经济发展；另一方面，高层次人才又不愿意到这些区域和行业中去，导致当前人才配置不合理，人才荒原与人才高消费现象并存。

3.4 大学生就业市场“失灵”及其优化措施

市场机制是市场经济配置资源的基础性手段，具有不可替代的作用。但是，市场不是万能的，一方面它不可能调节社会经济生活的所有领域；另一方面它调节的结果并非都能使社会福利最大化。市场机制在某些领域不能发挥有效的作用或可能存在消极作用的情况，被称为市场“失灵”。针对大学生就业市场而言，工资机制不完善、市场分割等各种原因导致大学生就业市场结构化矛盾进一步加剧，信息不充分导致大学生就业市场摩擦性矛盾加剧。大学生就业市场“失灵”现象使得中西部地区以及县域及以下基层单位需求不能得到满足，因而变为无效需求，从而加剧了毕业生资源配置的不合理性和大学生就业市场的矛盾。

3.4.1 大学生就业市场“失灵”的主要表现

针对大学生就业市场而言，工资机制不完善、市场分割、信息不充分等各种原因导致大学生就业市场“失灵”。

1. 工资机制不完善与大学生就业市场“失灵”

关于教育、就业和工资收入之间的关系，西方教育经济学中主要存在两种理论观点，即“工资竞争模式”和“工作竞争模式”。在中国，首先，因为我国高等学校的招生受计划限制，而毕业生就业又是市场化的，招生没有随就业市场行情变化而相应改变；其次，政府对毕业生的工资有指导性意见，工资难以随市场供求变化而上下波动；最后，尽管在政府有关规定中不同学历层次毕业生的基本工资有一定的差距，但这种差距不大。但在地区之间、城乡之间、行业之间由于经济发展状况不同，不同单位之间劳动者的报酬差别很大，这是决定毕业生收入差异的主要原因。因此，“工作竞争模式”更能解释中国大学生就业市场“失灵”的问题。

“工作竞争模式”的主要观点是在大学生就业市场存在两支队列，一支是工作队列；另一支是求职者队列。工作队列中的每一项工作都对技能和生产率特征有所要求，排在队伍中的位置越靠前，工资水平越高。求职者队列的相对位置是由掌握特定工作技能所需要的培训成本的多少决定的，培训成本越低者在求职者队列的相对位置越靠前。这种市场“失灵”对毕业生资源配置会产生以下影响：由于高学历毕业生处于求职者队列的前面，因而其就业状况更好，工资收益也更高；相反，学历层次较低的毕业生就业状况差，工资收入也低。这样，工资机制就难以有效地引导大学毕业生到更能发挥个人能力、专长的地域或单位工作，客观上起到了促使毕业生集中在发达地区和大城市的作用[55]。

2. 市场分割与大学生就业市场“失灵”

在对劳动力市场所进行的划分中，最有影响的是由多灵格（R P Dore）等人提出的劳动力市场分割理论[56]。该理论认为，整个劳动力市场可以划分为性质不同的两部分：主劳动力市场和次劳动力市场。主劳动力市场具有工资高、工作稳定、工作条件好、失业率低、劳动者技术水平高等特点，而次劳动力市场则工资低、工作不稳定、工作条件差、劳动变换频率高。大学生就业市场也可以被分割为两个不同的市场，如发达地区市场和不发达地区市场，在这种分割下的大学生就业市场中将存在一种特殊的失业现象，即在发达地区市场为非自愿性失业，在不发达地区市场为自愿性失业。另外，不同类型劳动力市场之间的分割程度越高，工资待遇水平差别越大，发达地区市场的就业机会越少，则大学毕业生中这种自愿性失业人数就越多。

尽管劳动力市场分割程度在不同国家和地区可能不同，但作为一种社会经济现象却十分普遍，尤其是在发展中国家，且由于普遍的二元经济结构的存在，现代经济与传统经济之间的差别更为明显。作为现代部门，高等学校的“产品”毕业生，其就业范围尤其受到国家现代部门发展状况的影响[57]。在我国，在特定的历史条件下形成了户籍制度、住房制度等，这些制度对我国的社会经济发展曾经起到过积极的作用，但是从劳动就业的角度来看，这种制度性缺陷在历史上隔绝了人才的流动，形成了大城市大学毕业生就业市场和县域及以下地域大学毕业生就业市场之间的分割。导致最终结果是：随着高等教育的大众化到来，大城市新增就业岗位速度远远赶不上大学毕业生增长的速度，大学毕业生在大城市就业变得越来越难；由于城乡之间的差别日益扩大，户籍制度、住房制度等政策性体制障碍影响大学毕业生向县域及以下地域流动，一旦到县域及以下地域就业就难以再回到大城市，因而很可能导致一部分大学毕业生宁愿待在大城市承受失业的痛苦而不愿到县域及以下地域就业；由于在大城市从事学用不结合、层次不对应工作也比在县域及以下地域从事学用结合、层次对应工作的收入高，加之在大城市工作可以得到的福利待遇、生活条件、发展机会都比在县域及以下地域好，更加剧了一部分毕业生宁愿暂时失业待在大城市而不走向基层和艰苦行业就业的心理，从而加剧了大学毕业生失业现象，导致大学毕业生配置的低效乃至市场“失灵”。

3. 信息不充分与大学生就业市场“失灵”

根据劳动力市场信息不充分的特点，费尔浦斯（E. SPhelps）等从经济学的角度对求职者的求职行为进行了专门的研究，提出了工作找寻理论。该理论认为，在劳动力市场上，每个用人单位对劳动的报酬是不同的，而由于信息不充分，劳动者不可能从一开始就知道什么单位劳动报酬最高，因而必须不断地在劳动力市场进行工作找寻。在这种找寻过程中，求职者会遇到各种就业机会，而是否接受某个工作机会则取决于继续进行工作找寻的边际成本与可能的边际收益之间的关系，只要边际收益大于边际成本，这种工作找寻过程就会继续下去，直到边际收益与边际成本相等为止。另外，该理论还认为，劳动者脱离原来的工作岗位去进行工作找寻的效率比保留原来工作同时找寻另一份工作的效率高，因此，可以认为失业是找寻高报酬工作的一种投资。在一定的范围内，工作找寻的时间越长，获得的信息越多，获得高报酬工作的可能性就越大。工作找寻时间的长短，主要与以下因素有关：工资差别、求职者状况、经济状况、失业保障状况等。

根据工作找寻理论，大学生就业市场也属于信息不充分的市场，而且毕业生中大多数属于初次就业者，因而有一部分毕业生在毕业时不能确定就业单位而成为继续寻找工作的临时失业者，完全属于一种正常现象。还有可能存在一定比例的大学毕业生为找到更满意的工作而主动放弃毕业时就业的机会，宁愿在毕业后继续进行工作找寻，从而成为自愿性失业者。可见，由于信息不充分会延长毕业生工作找寻的时间，降低一次性就业率。毕业生是在学习期间进行工作找寻的，在找寻的时间、方式、范围等方面都会受到一定程度的限制，因而获取和传递的信息有限。而且，由于我国毕业生就业有一个比较集中的择业期，使供给信息和需求信息都存在不确定性，导致恶性循环，从而加剧了信息的不对称，进一步加剧了大学生就业市场的“失灵”。

当然，引起大学生就业市场“失灵”的因素还包括不正当竞争、用人制度不健全等多种诱发因素，考虑随着社会不断进步，其影响日益缩小，这里不做讨论。信息不充分引起的“摩擦性失业”将在第 5 章重点讨论。

3.4.2　大学生就业市场“失灵”的优化措施

由于社会和经济发展不均衡，东西部地区差距日益扩大，中西部地区、县域及以下地域经济欠发达。这些地方因待遇不好、生活不便利、信息不发达等问题对毕业生没有吸引力，大量的需求不能成为有效需求，难以吸纳人才。在基层教育行业，长期不能引进优秀教师资源导致城乡教育差距拉大和教育不公平现象的事实存在；农村和社区医疗因人才原因长期得不到发展，而大型的优质医疗资源难以满足人们的需求，医患矛盾长期存在；农民、农村、农业问题解决进程缓慢，城乡差别进一步扩大，人才是制约“三农”问题的严重瓶颈。另外，学生本人所承担的高额学费与基层收入偏低等综合因素也是毕业生难以下基层的重要原因，广大的县域及以下地域、基层医疗、教育、农业的大量人才需求不能得到满足，大量需求变成无效需求。面对工资收入和流动受阻等因素导致的市场“失灵”现象，政府可以通过财政公共赎买、重点项目扶持、疏通流动渠道等宏观调控手段积极化解。采取资金扶持、政策指引、疏通流动渠道等措施引导毕业生到基层就业，化解两难的困局。

1. 通过财政公共赎买优化基层人才结构

根据目前大学生就业市场状况和我国基本国情，国家和各级政府每年相继出台了一大批通过公共赎买促进大学生就业的优惠政策，吸引应届大学毕业生到中西部地区、基层和艰苦地区建功立业，主要政策包括两个主要方面。

(1) 师范生免学费，吸引优秀学生加入基础教育行列。自 2007 年秋季，北京师范大学、华东师范大学、东北师范大学、华中师范大学、陕西师范大学、西南大学这 6 所部属师范大学开始实行师范生免费教育，师范生在校学习期间免收学费和住宿费，并且发放生活补助，所需经费由中央财政部安排。免费教育师范生要承诺从事中小学教育工作 10 年以上，国家鼓励引导免费师范毕业生长期从教，欢迎终身从教。

免费师范生享有的优惠政策主要有以下几个方面：一是由中央财政部负责安排免除师范生的学费和住宿费。二是在相关省级政府统筹下，由省级教育行政部门落实免费师范生的工作岗位，免费师范生毕业以后必须到中小学任教。到中小学任教的每一位免费师范生都要求有岗有编，特别是在毕业生就业形势逐年严峻的情况下，师范生的免学费政策和就业保障对大学毕业生而言是相当有吸引力的。三是允许免费师范生在服务期内在学校之间进行良性流动，如果有到教育管理岗位工作的机会，甚至可以走上主管教育的领导岗位。四是为免费师范生深造提供保障，免费师范生经考核符合要求的，学校可以录取他们为教育硕士研究生，他们可以边工作边深造，这也是一项非常有力的措施。

（2）通过学费补偿、贷款代偿等措施推动高校毕业生参与国家基层项目。自2008年，有关部门组织实施“大学生志愿服务西部计划”“三支一扶计划”“农村教师特设岗位计划”等国家项目，促进地方扩大有关项目规模；鼓励有条件的城市尽快启动高校毕业生服务社区项目，街道、社区聘用劳动保障协理员，这些措施也将积极吸纳高校毕业生。

上海：扩大基层就业项目规模。扩大“大学生村官（选调生）”“三支一扶”等现有基层就业项目面向上海高校应届毕业生的招录规模，2020年计划推出“大学生村官（选调生）”岗位400个、“三支一扶”岗位400个。加强乡镇、街道以及居民区社区工作者力量配备，2020年全市计划专项招聘本市高校应届毕业生1000余名，充实社区事务受理服务中心、社区文化活动中心、城市网格化综合管理中心、社区党建服务中心、社区综治中心以及居民区力量，落实社区工作者相关福利待遇。在年度公务员招录工作中，区级机关要积极吸纳应届优秀高校毕业生。乡镇（街道）以及政法机关的基层单位主要招录应届高校毕业生。在本年度事业单位招聘工作中，扩大面向本市高校应届毕业生的招录比例。加大本市中小学教师招聘力度，扩大中小学、幼儿园招聘高校应届毕业生的规模。鼓励各区加大优秀高校毕业生人才储备力度，建立优秀人才蓄水池，多渠道解决引进高校毕业生的居住困难问题。加强高校征兵宣传，动员更多高校毕业生应征入伍，用足现行学费补偿与减免、落户、升学等鼓励政策。

贵州：大学生下基层服务期满可申请学费补偿。贵州省出台的《关于引导和鼓励高校毕业生面向基层就业的实施意见》指出，高校毕业生到基层工作达到一定的年限且考核合格者，政府将为其偿还在校期间的国家助学贷款本息。2019年，来自全国400余所高校的10 000名大学生赴贵州开展1~3年基层教育、服务“三农”、医疗卫生、基层青年工作、基层社会管理等岗位服务。活动自启动以来，累计有来自北京、上海、湖北、河北、江苏、广东等30个省（自治区、直辖市）和省内高校的55 569名大学生志愿者到贵州省开展志愿服务，覆盖全省88个县（市、区、特区）的1000多个乡镇。

黑龙江：扎根农村工作可获安家费。黑龙江省出台了一系列优惠政策，大学生在农村工作两年期间，将享受每月600元生活补贴和400元的年交通补助。两年后，志愿扎根农村工作的，一次性发给安家费2万元。据统计，哈尔滨工业大学2014年以来累计有1700多名毕业生扎根基层一线，定向哈尔滨工业大学选调优秀毕业生的省（自治区、直辖市）已增至 17 个，选调生数量由最初的个位数增加到 2018 届的 57 名，2019 届选调生已达 131 名。

湖北：实施农村教师资助行动计划。2004 年以来，湖北省每年选拔大量大学毕业生到农村、乡镇充实农村基教师资队伍，每人每年 5000 元，连续三年补贴，三年服务期满后，可以进编继续任教。这一行动计划拉开了湖北省充实农村教师数量、夯实乡村教育基础行动的序幕。2012 年，湖北省建立了省级统筹的农村义务教育学校教师补充新机制，全省农村义务教育学校新进教师实行全省统招统派，经费省级负担，县级教育行政部门负责管理，农村学校使用。2016 年，完善“空岗补齐”的新机制、教师补充机制和农村义务教育学校新进教师省级统筹补充机制。截至 2018 年 8 月，湖北省已有 10 余万人次新农村教师赴农村任教点亮梦想。仅 2018 年，就有近 8000 名大学生成为乡村教师。

2. 疏通流动渠道吸引优秀大学生到基层就业

人力资源和社会保障部、团中央、教育部、农业部（现为农业农村部）、财政部等部门做好大学生志愿服务西部计划“三支一扶”“村官”“选调生”的实施工作，做好这些到基层工作服务期满后的大学生的就业推荐工作，落实他们报考公务员和推免读研等优惠政策，在落户、人事关系接转、人事档案保管等方面提供留城工作的同等待遇，为毕业生在城乡之间流动疏通渠道，以解决毕业生服务基层的后顾之忧，促进毕业生到基层就业。各省、区、市也出台相应政策，解决毕业生在城乡之间流动之忧。

四川：自 2004 年，四川省人事厅发出《关于做好高校毕业生就业接收工作的通知》，并相继出台诸多政策要求各地对到基层、到中小企业就业的大学生给予政策倾斜，如对企业招用非本地户籍的普通高校专科及以上学历毕业生，取消落户限制。支持知识密集型、劳动密集型和社会服务型等中小企业和非公有制企业在新增就业岗位时优先聘用高校毕业生。对符合条件的企业招用高校毕业生，按规定享受小额担保贷款、税费减免等相关就业扶持政策，切实为他们提供档案管理、人事代理、社会保险代理和接纳、职称评定以及权益保障等方面的服务。在国家规定的艰苦、边远地区机关、事业单位工作的大学毕业生可提前定级，并按规定提高工资标准。省、市、县、乡各级行政机关应主要从大学毕业生中招考录用。另外，事业单位补充工作人员要面向社会公开招聘，并以招聘应届大学毕业生为主。对进入非公有制企业和自主创业的毕业生，各级人才服务机构要为他们办理集体户挂靠、人事关系接转、人事档案保管、转正定级、专业技术职务任职资格评审、社会保险金缴纳等全方面人事代理服务工作。同时，对未就业的毕业生两年内要免费提供人事档案管理和就业培训等服务。

山东和河南：大学毕业生到农村任教达一定年限可免试、免费读硕士。自

2006 年，山东省实施了农村学校培养教育硕士师资工程。获得学士学位、志愿到农村任教的入选大学毕业生。到农村任教后，可免试、免费读硕士研究生。农村师资教育硕士生服务期为 5 年。自 2006 年，河南省全面实施了“农村学校教育硕士师资培养计划”，应届大学生赴农村任教可免试读研。

重庆：优惠政策鼓励大学生到基层就业。重庆市推出一系列政策，规定到县以下基层单位和艰苦边远地区就业的大学毕业生，将实行来去自由的政策；工作满 5 年的基层就业大学生，可根据本人意愿流动到原籍或其他大中城市工作，并可提前执行转正定级工资，高定 1 档至 2 档工资标准。

北京：每年拿出一定数量的公务员岗位定向招录服务期满的大学生“村官”。2006 年选聘的第一批大学生“村官”的合同期将满，面临“卸任”问题。北京市人力资源和社会保障局已为“卸任”大学生“村官”初步谋划好了 7 条“出路”：第一，每个乡镇增加专项事业编制，选拔优秀“村官”继续派到行政村工作；第二，从服务期满的大学生“村官”中，选拔优秀“村官”续聘；第三，在鼓励“村官”报考中央国家机关公务员和本市面向应届毕业生录用公务员考试的基础上，再拿出一定数量的基层公务员岗位，面向服务期满大学生“村官”定向招录；第四，选拔符合条件的“村官”直接进社区工作；第五，鼓励企业招用服务期满“村官”，可申请享受岗位补贴和社会保险补贴以及小额担保贷款；第六，支持“村官”自主创业，可减免行政事业性收费，申请小额担保贷款；第七，各区县和各企事业单位，积极挖掘本系统和本地区就业资源，通过举办面向“村官”的专场招聘洽谈会等方式，努力为服务期满大学生“村官”提供工作岗位。除了大学生“村官”，还包括“特岗教师”“三支一扶”“大学生志愿服务西部计划”等项目的服务期满人员，合称为“四项人员”。北京市每年都会拿出一定数量的公务员岗位定向招录这些人员。据统计，2020 年的北京公务员考试共招募 3620 人，其中要求基层工作经验的定向招录岗位共有 397 个，共招募 546 人，占总招募人数的 15%。2019 年的北京公务员考试共招募 3243 人，其中要求基层工作经验的定向招录岗位共有 453 个，共招募 626 人，占总招募人数的 19%。

3.5 专业设置与社会需求错位矛盾及优化措施

在大学毕业生数量不断增加的同时，大学毕业生的就业体制从过去那种“统包统分”的模式，转变为以市场配置为导向的毕业生和用人单位“双向选择”的就业模式。高校专业设置和课程结构是否合理、培养的人才职业素质是否能满足社会需求的问题在大学生就业市场供需结构失衡时更为突出。此类问题不仅是中国有，在其他一些国家和地区的高教大众化进程中也曾经出现过类似问题[58-59]，即大学的专业设置和课程结构满足不了社会经济发展的需要，国内外的一些专家学者[60]对此问题也展开了研究，并提出了相应的解决方案。从对比情况来看，我国的高等教育大众化步伐过快，大学生就业市场建设不完善，所以表现得更为严重些。在上海，一些专家在媒体上呼吁，高校的专业设置应该依市场需求变化而进行相应调整，社会需求成为高校开设专业的主要参考指标。《北京青年报》刊文指出，北京市教委要对市属高校的专业结构动“大手术”；河南省教育厅从 2003 年起公布，河南省高校招生计划和高校专业设置将取决于毕业生就业率、高校招生学生报考率、新生报到率等指标。

随着大学毕业生就业难的问题日益突出，许多学者把问题症结锁定在高校的专业设置和课程结构上，认为高校专业设置不合理是造成目前大学生就业难的根本性原因，目前高校专业设置情况与社会经济发展需求存在相当大的差距，高校的封闭性办学是造成专业设置和社会对高等教育需求脱节的重要原因。关于此类问题的代表性研究有吴克明从教育学、管理学和经济学的角度对我国高校专业设置滞后的问题进行分析，认为其对策在于正确认识科学教育和人文教育的关系、扩大高校专业设置自主权和理性对待专业调整成本[61]。方丽运用高等教育和产业经济学有关理论分析我国产业结构的发展趋势及其对人力资源的要求，探讨高等教育学科建设、专业结构如何适应经济结构尤其是产业结构的调整，从而实现高等教育发展、人才培养、就业质量提高的良性循环[62]。陈昀从“知识失业”现象分析我国高校专业设置，探讨目前我国高校专业设置存在的一些问题，提出对我国高校专业设置改革的一些思考，如明晰调整高校层次结构，调整高校办学定位，构建多元化人才培养模式，树立新教育观，优化专业结构，减少“知识失业”等[63]。李云霞探究我国高校专业设置自新中国成立以来的演变规律与特征，分析目前我国高校专业设置在价值取向、权限问题以及所代表的人才培养方式三个方面的特征和存在的问题，借鉴美国高校专业设置的经验，对我国高校专业设置改革方向提出对策建议[64]。

大学生就业难与专业设置的问题在以上学者的研究中得到反映：现行的专业设置过细，学科体系中知识结构不合理，专业设置存在课程空位、教学内容陈旧和教学方法落后等。导致高校毕业生就业难的原因主要是，高校专业设置和社会需求存在结构性矛盾，现行高校培养的人才结构和社会需求存在结构性矛盾。优化措施为建议高校的专业设置根据社会岗位对人才的需求变化而相应改变，且国家可以通过毕业生就业率及就业质量与专业设置、投入及招生计划挂钩的政策等措施来改善现状；同时加快高等教育改革步伐和加大大学生就业市场建设力度，形成招生、培养、就业之间的良性互动机制。

3.5.1 专业设置和就业之间的关系调查分析

从 2020 年 6 月在线岗位的专业需求来看，企业最需要理工类专业的大学毕业生，其岗位比重达 43.1%。但从仍在找工作的大学生专业结构来看，理工科毕业生比重只有 38.7%，尤其是土木工程与建筑类专业。与之相对，企业对经管类专业岗位需求比重（33.8%）比经管类毕业生的比重（36.5%）低了 2.7 个百分点。其中，财务与会计专业的岗位需求比重（2.7%）比大学生求职者比重（12.1%）低 9.4 个百分点。6 月仍在求职的教育类专业大学毕业生比重为 3.2%，比企业岗位需求比重（1.3%）高近 2 个百分点，由此可见，在疫情对市场化教育机构冲击较大的背景下，公共教育机构吸纳教育类毕业生依然存在错配。大类专业下的就业难问题也揭露了深层次的专业设置和就业之间的内在关系。

面对就业压力，学科专业设置与就业的相关性问题越来越受到政府教育主管部门、高等学校、社会用人部门、学生、学生家长等方方面面的关注。但是，不同主体对这一问题的看法却不尽相同。对这一问题有两类基本看法：一类看法认为，学科专业设置应该加强职业针对性，与就业紧密相关。持这种观点的主要是大学生就业市场的供需双方主体，因为需方希望毕业生都能够专业对口，这样才可能尽快适应所在岗位；供方也希望实现学有所用，从事与所学专业相关的工作。另一类看法则认为，学科专业设置应该拓宽口径、增强毕业生的适应性和适用范围。持这种观点的主要是高校和教育主管部门，因为从宏观层面来看，如果专业设置过分强调职业针对性，可能导致专业口径过窄，容易引起结构性失业。而只有拓宽专业口径、增强学生的适应能力，才更有利于促进毕业生就业。

从某种意义上讲，这两类看法都有其合理的一面，不存在不可调和的矛盾。加强职业针对性，并不意味着只一味地进行窄口径的专业教育。国外许多高校通过教学和课程改革，使得通识教育和专业教育很好地融合在一起。因此，笔者认为，进行学科专业设置的改革，关键在于综合二者所长，考虑多方面的需求。

针对学生的需求常常不能进入改革决策层视野这一情况，赵婷婷、朱效娟等进行了针对已经毕业并参加工作的大学毕业生的调查和课程设置研究，调查的主要内容包括大学生在校所学的专业与毕业后所从事工作的关联性；所学专业、课程、知识在工作中的适用程度；对改善学科专业设置和专业教育的意见、建议等。样本覆盖了 11 个学科、男女比例大约为 2∶1。选取了分布在除港澳台、西藏、海南外其余全国 29 个省（自治区、直辖市）的中等规模以上的大学本科院校，采取网上问卷调查的方法。回收调查问卷 1047 份，其中有效问卷 919 份，有效率达 87.8%。其中，男生 626 份，占 68.1%；女生 293 份，占 31.9%。

1. 所学专业与所从事工作的相关性

（1）主观看法和实际情况的总体调查。有关这一问题进行了两个方面的调查：一方面是对毕业生在所学专业是否应该与所从事工作相关这一问题上的主观看法上调查；另一方面是对毕业生所学专业与实际所从事工作相关程度的实际情况调查，结果见表 3-4 和图 3-5。

表 3-4 所学专业是否应该与所从事工作相关

相关程度	人数/人	百分比/%
非常重要	124	13.5
重要	353	38.4
一般	272	29.6
不太重要	122	13.3
不重要	48	5.2
合计	919	100.0

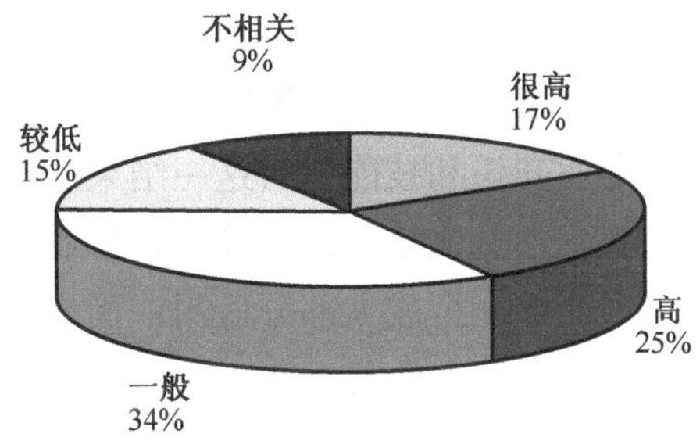

图 3-5 所学专业与实际所从事工作相关程度百分比

调查结果表明，超过半数的大学毕业生认为“所学专业与所从事工作相关”这一点重要或者非常重要，另有不到 20% 的毕业生认为不太重要或不重要，持中间态度的人数约占 30%。目前，毕业生所学专业与实际所从事工作强相关和比较相关的占调查总人数的 41.9%，不相关和低相关的占 24.3%，一般相关的占 33.7%。通过相关性分析可以看出，那些认为所学专业与从事工作相关很重要的人，他们在实际中确实也从事着与专业相关程度很高的工作；反之亦然。无论是观念上还是实际中，所从事工作应该与所学专业密切相关这一观点，不断被就业市场的需求所强化。因为大部分用人单位都希望接受专业对口的学生，以便他们能够尽快承担起实际工作任务。

（2）不同学科毕业生所学专业与所从事工作相关程度的差异程度。不同学科毕业生所学专业与所从事工作在相关程度上差异十分显著。具体来说，所学专业与所从事工作不相关比例最高的是哲学、历史学，而强相关和较强相关的则有教育学、文学、医学、农学。

（3）所学专业与所从事工作相关程度不高的原因分析。总的来说，毕业生普遍认为所学专业与从事工作相关程度不高的原因主要有三点：一是专业缺乏针对性（25.4%）；二是在所学专业中无法发挥潜能（24.5%）；三是所学专业就业形势差（20.6%）。在被调查的6种原因中有3种原因没有体现出学科差异，它们分别是在所学专业中无法发挥潜能、专业缺乏针对性、专业适应性差。另外3种原因则体现出显著的学科差异：一是所学专业就业形势差，选择比例比较高的依次是哲学、农学、医学、法学、历史学；二是对所学专业没有兴趣，选择比例比较高的依次是农学和工学；三是与所学专业相关的工作环境和待遇不好，选择比例比较高的依次是农学和工学。

2. 所学专业知识、技能在工作中的适用程度

（1）所从事工作在多大程度上用到所学专业知识和技能。问卷对毕业生在实际工作中能在多大程度上用到大学所学专业知识、技能这一问题进行了调查。调查结果表明，完全适用和大部分适用的仅占28.1%，而小部分适用和完全不适用的占32.7%，部分适用的占39.2%，说明大部分人在工作中只能用到一部分或一小部分在大学中所学专业知识和技能。对这一结果的选择，不同学科毕业生存在显著差异。管理学、教育学、文学、医学等学科毕业生普遍认为，所学专业知识和技能在所从事工作中能够完全或大部分适用；而农学、法学、工学、经济学、理学、历史学、哲学等学科毕业生普遍认为，所学专业知识和技能在实际工作中完全不适用或只有小部分适用。

（2）所学专业知识和技能不能完全适用于工作的原因分析。对所学专业知识和技能不能或者不能完全适用于工作的原因，通过调查表明，被选择比例由高到低的理由分别是专业的理论性太强不能满足实际工作的需要；有用的课程较少，专业内容陈旧；所从事工作与所学专业无关。在这些被调查的原因中，不同学科毕业生对“所从事工作与所学专业不相关”和“专业的理论性太强”的看法存在着比较显著的学科差异，而对“专业内容陈旧”和“有用的课程较少”的看法，学科之间没有显著差异。具体而言，历史学、法学、工学的毕业生认为，所学专业知识和技能之所以不能或不能完全适用于所从事工作，主要是因为目前所从事工作与所学专业不相关；而哲学、农学、理学的毕业生则认为，这主要是由于专业的理论性太强的原因。

3. 调查的结论

（1）在大部分毕业生的观念里，所学专业与所从事工作相关十分重要，实

际中大部分毕业生也确实从事着和自己所学专业相关程度较高的工作。导致部分毕业生从事和专业不相关的工作最主要原因是就业形势不好，这在基础学科和冷门专业上显得十分突出。毕业生认为，这些学科专业应该大力开展辅修专业、双学位、第二学位等。

（2）大约 3/4 的毕业生认为，在所从事的工作中，他们比较少地用到大学所学的专业知识和技能，而且在那些行业性、专业性强的学科，如法学、工学、经济学等，专业知识和技能的适用性问题显得更加突出。

（3）大部分毕业生认为，大学教育应更加重视学生能力的培养，能力主要包括人际交往能力、学习和研究能力、实践技能等。可以看出，毕业生工作后普遍感到技能方面的欠缺，这既包括专业方面的动手能力，也包括一般意义上的能力，如人际交往能力、学习和研究能力等，因此他们很希望学校能够加强能力培养。

（4）毕业生普遍认为学科专业设置应更多考虑学生的需求、兴趣和爱好，同时留给学生更多选择的余地。由于就业形势的日益严峻和社会竞争的不断激烈，学生越来越希望能在大学学习期间得到更全面的发展，如希望学习更广泛的专业知识以开阔眼界，希望掌握外语、计算机、管理、法律等多方面的知识，希望有更多接触社会的机会等。这都需要高校的学科专业设置能够更加灵活，打破学科专业的壁垒，综合发展、强化实践，从根本上改革我国的学科专业及课程体系设置。

从以上调查结果可以看出，高校专业设置和大学生就业呈强相关性，高校专业设置对就业结构平衡有着较大的影响，高校专业设置不尽合理仍然是阻碍高等教育可持续发展、影响毕业生就业的重要因素。当前，大学毕业生的就业难问题主要表现为结构性过剩，而不是总量的绝对过剩。从近两三年的就业情况来看，工科类院校的电子通信信息技术、机械设计与制造等专业以及外语、旅游管理、经济管理等专业毕业生走俏，而哲学、教育学、历史学以及农牧等专业的毕业生求职相对较难。这说明我国高等教育在人才培养的质量和模式以及专业类别等结构方面，还存在许多与市场经济不相适应的地方。一些高校过于追求专业总数量，而不重视依据地方经济发展需要进行专业调整和改造工作，从而失去特色和学科优势。专业设置存在不科学的现象，随意性大，专业重复性建设多，这不但造成了巨大浪费，而且影响了培养质量，导致毕业生没有竞争力，就业率下降。高等教育的发展应该以社会发展需要和就业为导向，加快专业设置、学科结构等方面的改革进程，加大改革力度。近年来，国家鼓励高校在宽口径下设置专业方向，但有些高校在设置专业方向时，并不是按照本专业的学科特点和地方经济发展的需要去考虑，而是根据自身条件进行调整。设置人文社科类的专业过多，而地方经济发展急需的理工科专业较少，形成人文社科类专业毕业生过剩，出现就业困难局面。

3.5.2 当前专业设置存在的问题

目前，我国大学毕业生人数年年攀高，就业形势日趋严峻。面对就业市场“僧多粥少”的局面，许多大学毕业生可能面临毕业即失业的问题。大学生就业难情况的出现，与大学的专业设置不合理和就业市场需求不匹配密切相关。专业在很大程度上决定学生的知识结构、工作能力和就业去向，在社会主义市场经济体制日臻完善的背景下，大学依据什么来进行专业设置，需要深入探讨。

从国家统一设置专业包分配工作到今天“冷热专业”走马灯似的迅速转换，高校在专业设置上也经历着由计划经济体制到市场经济体制的巨大转变。1952 年，中国开始了全国范围内的大学院系调整，学习苏联分学校、系两级管理体系，系下设教研室、专业。到了 1953 年，全国高校专业有 215 种。在 1977 年刚恢复高考时，许多在“文化大革命”中被撤并的院校、专业还没有恢复，但是到了 1980 年全国高校开设的专业数已达到 1039 种，1982 年《高等学校通用专业目录》里的专业，达到 1343 种。经过 1998 年第四次普通高等学校本科专业目录的修订，我国共设有 12 个学科门类、249 个本科专业，1953—2019 年院校和专业设置变化见表 3-5。这次修订拓宽了本科专业的口径，对专业面过窄、过细的突出问题在一定程度上得到了解决。但由于专业数量变更，部分学校借助专业更名和专业结构调整机会盲目追求大而全，大学生则竞相报考所谓的热门专业，造成同一专业重复设置数量过多，见表 3-6。

表 3-5 1953—2019 年我国高校和专业数量

年份	1953	1962	1963	1980	1988	1993	1998	2003	2007	2008	2009
专业/个	215	627	432	1039	870	504	249	249	249	—	—
普通高校/所	181	610	407	675	1063	1065	1022	1552	1908	2263	2305
年份	2010	2011	2012	2013	2014	2015	2016	2017	2018	2019	—
专业/个	—	—	514	—	520	543	588	631	672	703	—
普通高校/所	2358	2409	2442	2491	2529	2560	2596	2631	2663	2688	—

资料来源：参见 1949—2019 年《教育统计年鉴》，1949—2019 年《教育年鉴》。

表 3-6　1998 年版本的本科专业目录及数量

门类	哲学	经济学	法学	教育学	文学	历史学	理学	工学	农学	医学	管理学	总计
二级类	1	1	5	2	4	1	16	21	7	8	5	71
专业	3	4	12	9	66	5	30	70	16	16	18	249

目前，已经有很多专家学者对我国高校专业设置存在的问题进行了深入研究，发现主要存在以下问题：

1. 本科专业结构较为狭窄

就专业结构而言，单从《普通高等学校本科专业目录》来看，我国高校的专业结构较为狭窄，传统专业偏多，且文理界限僵硬，学生选择余地小，缺乏引导学生深入研究的专题课程，多年来改造力度始终不大；新兴、高新技术专业如生物等前沿性学科专业偏少甚至空白；交叉学科、横断学科的设置力度不够，不能适应科学技术交融发展的趋势和国际化进程加速后我国对人才的需求，不能充分利用各校的有利资源（如人力资源、环境资源等）进行合理的安排；对如何尊重学生学习兴趣、体现学生的自我价值实现等方面也未予以足够的重视。这不利于学生的全面发展和能力的培养，从而使得学生在就业时处于不利地位。

2. 专业设置趋向雷同

高校专业设置雷同已成为当今高校一个不容忽视的问题。高校专业设置雷同可以说是专业布局问题，即全国或某地方内，各专业在不同高校的设立分布超过了社会发展的“度”的状况。除了高校传统专业设置的雷同，还突出表现在高校新增专业上。2020 年，教育部公布的全国高校本科新增的 31 个专业方向，在这些专业方向中，有一部分是往年的热门专业或急需专业。新增专业方向在某些专业上呈高度集中状。高校专业方向雷同是造成高校毕业生就业难的重要原因。设置同一专业方向的高校过多，而各高校又同时在扩大该专业方向的招生规模，使得同一专业方向毕业生过多；在就业岗位一定的情况下，必然产生激烈的竞争，出现“僧多粥少”的情况，使得大学毕业生就业面临巨大困难。目前，我国高校专业方向设置雷同已造成不良影响，其主要表现如下：

（1）专业方向设置雷同直接导致高校毕业生结构性失业矛盾。专业方向布点过多，部分专业方向人才培养规模供大于求使该专业方向培养的人才相对过剩，毕业生就业困难，造成结构性失业矛盾。专业方向培养模式趋同，使同一层次或级别院校的毕业生相互之间同质化倾向严重，毕业生相互替代性强，不能适应社会多层次和多样化的人才需求，人才培养规格与社会需求错位，加剧结构性失业矛盾。

（2）专业方向设置雷同使教育资源的效率低下，造成就业市场的无效供给。一方面我国高等教育的优质教育资源整体短缺；另一方面高等教育专业方向培养资源低水平重置率高，导致部分专业方向人才过剩，部分社会急需专业方向却因教育投入不足而使人才供给能力不能满足社会需求，高等教育资源短缺与浪费并存，效率低下。专业方向设置雷同造成的专业方向人才过剩使得专业方向培养人才超出了教育人才供给与需求的均衡点，形成生产就业市场的无效供给。

（3）专业方向设置雷同使专业方向整体培养质量下降。由于高校专业方向复制严重，同一专业方向人才差异不显著。专业方向的整体质量因为培养质量的低劣替代而使该专业方向在社会上的声誉下降，优质办学水平专业方向为改善专业方向培养质量的积极性因而受到打击。专业方向培养整体质量会因为大家均无提高质量的积极性而下滑，这就是所谓的高等教育中的“旧车赶新车”“劣币驱良币”效应。

（4）专业方向设置雷同会抑制教育创新。创新源自异质性的碰撞与超越。培养规格趋同，培养模式相互复制，千校一面，同一专业方向培养环境犹如一潭死水，各个学校不能在形成各自专业特色基础上相互吸收和学习所长。各高校通过不同培养理念和方式的碰撞与突破来实现教育创新，促进专业方向整体发展和整个教育的进步。

以湖北省招生情况为例加以说明（表 3-7）。2018 年，湖北省教育厅公布了 68 所普通高校获准招生的专业方向目录，包括 343 种本科专业 3242 个专业点（含 12 个第二学士学位及长学制专业点）。据统计，全省高校专业方向设置雷同性较高，而一些全省只有一所高校开设的“独家”专业方向则少之又少。详情见表 3-7。

表 3-7 湖北省 68 所普通高校开设数量最多的十大本科专业方向一览表

序号	专业方向名称	开设院校/所	热度比/%
1	英语	63	92.65
2	计算机科学与技术	57	83.82
3	视觉传达设计	54	79.41
4	环境设计	51	75.00
5	市场营销	50	73.53
6	国际经济与贸易	49	72.06
7	电子信息工程	46	67.65
8	产品设计	46	67.65
9	财务管理	44	64.71
10	机械设计制造及其自动化	44	64.71

注：热度比为专业方向院校开设数占全省省属本科院校数。

1）超过九成的院校开设英语本科专业方向。2018 年，湖北全省共有 68 所院校的 3242 个专业方向获准招生。据统计，在全省 68 所普通高校中，共有 63 所院校开设有英语专业方向，紧居其后的是计算机科学与技术、视觉传达设计、环境设计和市场营销等本科专业方向，分别有 57 所、54 所、51 所、50 所院校开设，热度比均在 73% 以上。

2）过半院校无“独家”本科专业方向。除了轻化工程、水务工程、信用管理、陶瓷艺术设计、药物分析等一些专业方向性较强或者具有行业背景的少数专业方向在个别高校开设，多数专业方向都是同时有多所院校开设。全省 68 所普通本科院校，只有湖北工业大学等 22 所院校的轻化工程（制浆造纸）等 80 个本科专业方向只在一所院校开设。这表明，全省普通高校中有一半没有自己的“独家”本科专业方向。在这 80 个“独家”本科专业方向中，全省高校还有很多与此相关或相近的专业方向，如与湖北美术学院独家开设的“艺术设计学”相关的“艺术设计”本科专业方向，全省省属高校中就有 42 所院校开设。如果抛开“艺术设计学”，湖北美术学院本科专业方向在全省将没有一个“独家”本科专业方向。

3）全省高校专科专业方向“扎堆”。2018 年，湖北省获准招生的 99 所院校、2576 个专科专业方向，与本科专业方向一样同样呈现出“扎堆”的现象。据统计，全省有 74 所专科院校开设有计算机应用技术专业方向，热度比为 74.75%，其次依次为会计（70 所高校，热度比为 70.71%）、电子商务（68 所高校，热度比为 68.69%）、市场营销（65 所高校，热度比为 65.66%）、机电一体化技术（65 所高校，热度比为 65.66%）、酒店管理（52 所高校，热度比为 52.53%）、旅游管理（51 所高校，热度比为 51.52%）、建筑工程技术（50 所高校，热度比为 50.51%）、工程造价（48 所高校，热度比为 48.48%）、物流管理（47 所高校，热度比为 47.47%）。

4）不同专业方向的相近性比例较高。与高校专业方向设置“扎堆”相比，另外一个值得关注的现象是一些专业方向相关性或相近性的比例也较高。如本科专业方向中的生物工程（28 个）、生物技术（22 个）、生物科学（17 个）、生物医学工程（3 个），全省合计有 70 所院校开设这些类似的专业方向。在专科专业方向中，会计、会计信息管理、统计与会计核算三个专业方向，全省共有 91 所院校开设；计算机信息管理、计算机应用技术两个专业方向，全省共有 55 所。

5）高校设置新专业方向存在“风险”。一般来说，“独家”的新专业方向虽有市场，但“独家”专业方向的开设存在“风险”：一是要在教育行政部门的专业方向目录内；二是要具备相应的办学条件；三是专业方向开设要经过科学的论证；四是将来要有利于申报硕士点甚至博士点。目前，教育主管部门已有对新开专业方向进行办学水平评估的动向，评估结果将对外公布，接受社会监督。被评估为“不合格”的专业方向将停止招生，并公告撤销。

6）“独家”专业方向社会需求相对较少。以市场需求为导向开设专业方向是高校办学的重要原则之一。有专家认为，正是因为有些专业方向的人才社会需求量大，所以才会出现多所院校同时开设某一个或某几个专业方向的状况。高校的专业方向开设主要是根据市场和社会需求而设置，好就业的专业方向才好招生，这也是高校都争相开设当前热门专业方向的原因所在。相反，“独家”专业方向即使就业好，社会需求量却较小、就业岗位少，这也造成了高校“独家”专业方向相对较少。

3. 专业人才培养规格与模式趋同，专业复制严重

我国的专业人才培养有本、专科层次之分。在本、专科专业内部也有品牌专业、优势专业和普通专业之别。这种专业培养规格的层次性是主动适应社会对人才不同需要的表现。我国部分高校在设置专业时不顾市场人才需求和自身专业培养条件，盲目追求多学科、多专业和综合化，设置与自己优势专业无关而又专业性极强的专业。理工院校办文法，文科院校办理工。学校专业建设没有自己的特色，低水平重复办学突出，学校非优势专业毕业生社会认同度低、就业困难。更为严重的是，学校盲目追求上层次和升格，专科升本科，学院升大学，硕士点升博士点，博士点升研究生院，专业师资和办学条件只是在原有基础上稍加变动，基本上还是原班人马，“换汤不换药”。在培养模式上，全国高校同一层级专业采用相同的教学计划和课程标准，各所学校之间相互模仿培养模式，国内名牌院校复制国外专业培养模式，国内普通学校复制名牌和重点院校培养模式，专科学校复制本科院校，学校专业建设定位模糊，特色不明，培养模式严重趋同，以至于我国同一专业的不同高校毕业生在大学生就业市场上竞争力没有显著差异，专科生、本科生与研究生竞争同一工作岗位的现象屡见不鲜，不同层次毕业生相互替代性过强。曾有调查发现，“社会对高校毕业生适应工作的整体评价较好。对研究生的评价是创造能力不高。对专科生的评价是动手能力和合作精神又比本科生和研究生低”。以上两种情况说明我国各层次的人才培养模式有向本科靠近的明显倾向。

4. 专业设置缺乏前瞻性

专业设置一定要经过充分调研。现在很多高校都倾向按照市场需求设置专业，以就业率为主要依据。但是在分析专业就业前景时，高校需要有前瞻性，不能只看眼前的就业行情，更要分析预测 4 年后，甚至更长远的社会人才需求状况。否则会出现众多院校蜂拥而上设置个别热门专业，而几年后人才市场需求饱和，造成这些扎堆培养出来的学生进校时“紧缺”，出校时却“过剩”的现象。以电子商务专业为例，据不完全统计，自教育部从 2000 年开始批准在全国部分

高校试开电子商务专业以来，到 2020 年，教育部已经批准 1163 所普通高等学校本科开设电子商务专业，在读的电子商务专业方向的学生达数十万人。电子商务专业应届毕业生就业率为 20%，而 2020 年 6 月中旬教育部公布的全国普通高校毕业生就业签约率已达 50%。可见，电子商务专业应届毕业生就业率远远低于全国大学生就业平均水平。导致就业率如此低的原因，其中可能的原因就是专业设置缺乏前瞻性，一些高校没有经过科学论证，只顾眼前利益，就开设了此专业，但是师资力量严重缺乏，培养方向模糊，课程设置欠佳。因此，学生的就业率自然不高。

5. 专业设置具有盲目性

目前，由于缺乏科学的人才预测和规划，高校在专业设置及招生人数确定的依据并不充分，有较大的盲目性。例如，专业设点及招生量的不同，造成毕业生有的供过于求，有的又供不应求。其原因在于：高等教育运行机制是高等教育内部活动的三个方面——政府、高校和社会之间缺乏相互反馈、相互制约的机制。从国家政府来看，制订的招生计划对用人单位人才需求的时间性变动等状况考虑得不充分，加上计划方式本身的缺陷，致使确定的招生人数的准确性不高；从高等学校来看，它所提出的对新生的承受量，只是从校舍、师资、招生专业的“冷”“热”度等自身外部实力考虑，甚至是上级主管部门把扩招额以压任务的方式分配给各高校，各高校为完成扩招指标，只能大量扩招当年的热门专业，而不是从社会需要及其变化趋势考虑。由此高校大幅度增加了大量应用科类专业配置，削弱了基础科类专业的投入，这样不但造成了基础科类毕业生就业困难，而且影响了应用科类毕业生的就业。

6. 专业设置与市场需求不匹配

我国 4 年一个周期的高校专业设置决定着专业人才的产出量，因此大学生就业与产业结构的调整以及地区经济发展周期有较大的关联。在沈阳人才市场的一次调查中发现，产业结构调整、转型、升级等带来的是职业、职位、岗位的变化，需求推动传统职业进一步细分，而新科技又催生新兴职业。在上海的人才市场调查中，近 10 年共淘汰了 40 个职业，新生了 100 个职业，而且企业对各类专业技术人才和管理人才的需求变化速度是高校专业培养人才的 2~4 倍，因此形成了人才供需市场配置的时间差。4 年前还是社会需求的热门职业，4 年后变成了滞销专业，供给与需求错位在一定程度上造成了大学生就业难的现象。

3.5.3 基于模糊推理的高校专业设置与招生规模模型

自 1965 年查德（L. A. Zadeh）提出模糊集概念以来，关于模糊系统的研究得到了迅猛发展，模糊系统辨识、聚类分析、模糊逻辑、模糊控制等研究在理论与应用两方面都取得了丰硕的成果。实际上，模糊控制技术的理论基础的核心内容是模糊推理理论。根据保存的规则（rule）和给予的事实推导出新的结论模糊推论不只可以处理明确命题，也可以处理模糊命题。模糊推论是根据近似推理（approximate reasoning）的概念发展出来的，较传统推论的精确推理（exact reasoning）更合理也更具弹性。模糊系统使用的规则符合人们的思维习惯，因此模糊系统的模型能快速方便地实现系统的预测和控制，模糊数学方法已经在各个行业得到了广泛的使用[65-68]。高校专业设置与招生模型之间的关系非常复杂，常规的精确推理难以处理这类问题，因此本书拟采用模糊推理方法建立基于模糊推理的高校专业设置与招生规模模型。

1. 模糊推理原理

（1）模糊推理的体系结构。从图 3-6 可知，模糊推理过程如下：首先，将输入变量通过输入隶属函数进行模糊化；其次，将模糊推理规则构成规则库；再次，依据规则库，通过模糊推理引擎对模糊化的输入变量进行推理，得到推理结果；最后，通过输出隶属函数将推理结果进行去模糊化，得到最终输出结果。

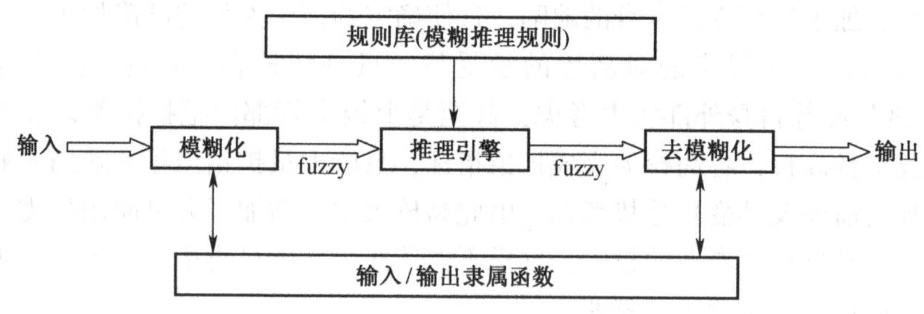

图 3-6　模糊推理的体系结构

（2）模糊推理的基本步骤。模糊推理是采用模糊逻辑由给定的输入映射到输出的过程，它一般包括以下几个步骤[69]：

1）模糊化（fuzzification）。模糊化是一种把测量值转化为主观评价的手段，即将确定的输入变量转化为隶属函数描述的模糊集。

2）隶属函数（member function）。隶属函数是某个对象（为一论域内的数值）在 0~1 范围内隶属于某个概念的程度。常见的隶属函数有 Gauss、Bell、Z、PI、Trapez、S-Polynome、Dreieck 等。

3）模糊推理规则库（fuzzy inference rule base）。模糊推理规则库中包含多个模糊推理规则，前向式推理是模糊推理中的一种重要方法，只要有输入数据就能按照规则推理出结论。当多规则近似推理时，每个规则的 fuzzy 蕴含是以 else 相连接。

规则：If X is A Then Y is B

事实：X is A'

结论：Y is B'

4）模糊推理引擎（fuzzy inference engine）。“推理引擎”以一种数学化的方法用上述已经模糊化的输入值来评估定义好的逻辑条件语句。诸如‘与’‘或’以及‘非’这样的逻辑操作，它们被用来定义“如何将不同的模糊化变量结合起来，以生成数字式的计算结果”。Mamdani 是一种 Min-Min-Max 的模糊推理方法，如合成推理规则，图 3-7 是 Mamdani 模糊推理引擎示意图。

R^1：IF X_1 is A_{11} AND X_1 is A_{21} THEN Y is B_1

R^2：IF X_1 is A_{12} AND X_2 is A_{22} THEN Y is B_2

则 Mamdani 推理公式如下：

$$W_i = \min\{\max_{X_1}[\min(A_{1i}, X_1)], \max_{X_2}[\min(A_{2i}, X_2)]\} \tag{3-1}$$

$$B_i = W_i * \mu_{B_i}(y) \tag{3-2}$$

$$B^* = \max_{i=1}^{r} B_i \tag{3-3}$$

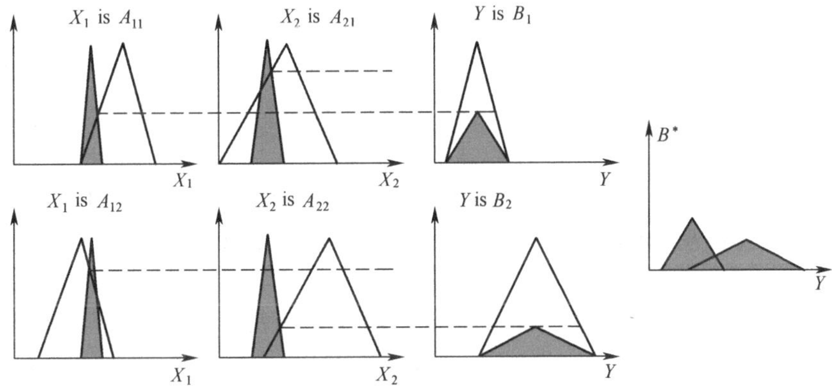

图 3-7 Mamdani 模糊推理引擎示意图

5）去模糊化（defuzzification）。去模糊化的目的在于将推论结果的平均值转换成实际的操作值。常用的去模糊化方法有最大隶属度归属法、中心平均法（center average method）等。以归属度为加权系数，去模糊化后结果 u^* 为

$$u^* = \frac{\sum_i \mu(u_i) * u_i}{\sum_i \mu(u_i)} \tag{3-4}$$

2. 基于 Mamdani 模糊推理的高校专业设置与招生规模模型

（1）模糊推理输入端提取。基于模糊推理的输入矩阵，见表 3-8。

表 3-8　基于模糊推理的输入矩阵

专家意见	权重	(本专业今年就业率与其他专业比较)	(本专业今年就业率与往年就业情况比较)	…	专家意见 n
专家意见 1	F_1	C_{11}	C_{12}	…	C_{1n}
专家意见 2	F_2	C_{21}	C_{22}	…	C_{2n}
…	…	…	…	…	…
专家意见 m	F_m	C_{m1}	C_{m2}	…	C_{mn}
加权平均值	…	I_1	I_2	…	I_n

$$I_i = \frac{\sum_{j=1}^{m} F_j C_{ji}}{\sum_{j=1}^{m} F_j} \quad (i = 1, \cdots, n) \tag{3-5}$$

在此，将 m 个专家意见的加权平均结果作为模糊推理模型的输入端。

(2) 模糊化和去模糊化。

1) 本专业今年就业率与其他专业比较 (A)：7 (很高，A7)、6 (较高，A6)、5 (偏高，A5)、4 (一般，A4)、3 (偏低，A3)、2 (较低，A2)、1 (很低，A1)。

2) 本专业今年就业率与往年就业情况比较 (B)：7 (很高，B7)、6 (较高，B6)、5 (偏高，B5)、4 (一般，B4)、3 (偏低，B3)、2 (较低，B2)、1 (很低，B1)。

3) 专业设置和招生规模 (R)：7 (大量扩招，R7)、6 (较大量扩招，R6)、5 (适度扩招，R5)、4 (维持原来招生规模，R4)、3 (适度减少招生，R3)、2 (较大量压缩招生规模，R2)、1 (停止招生，R1)。

(3) 模糊化的隶属函数。采用高斯函数，定义如下。

$$\mu(x;\ \sigma,\ c) = e^{-\frac{(x-c)^2}{2\sigma^2}} \tag{3-6}$$

- A、B、R=7 (很高，大量扩招)：$\mu(x;\ 0.5,\ 7)$
- A、B、R=6 (较高，较大量扩招)：$\mu(x;\ 0.5,\ 6)$
- A、B、R=5 (偏高，适度扩招)：$\mu(x;\ 0.5,\ 5)$
- A、B、R=4 (一般，维持原来招生规模)：$\mu(x;\ 0.5,\ 4)$
- A、B、R=3 (偏低，适度减少招生)：$\mu(x;\ 0.5,\ 3)$
- A、B、R=2 (较低，较大量压缩招生规模)：$\mu(x;\ 0.5,\ 2)$
- A、B、R=1 (很低，停止招生)：$\mu(x;\ 0.5,\ 1)$

（4）模糊规则定义。模糊推理规则共有49条，如下所示。

- 规则1：If $A=7$ and $B=7$ then $R=7$
- 规则2：If $A=7$ and $B=6$ then $R=6$

⋮

- 规则48：If $A=1$ and $B=2$ then $R=2$
- 规则49：If $A=1$ and $B=1$ then $R=1$

（5）基于Mamdani的模糊推理。图3-8给出基于Mamdani的模糊推理示意图。通过此图可知，假设本专业当年就业率与其他专业比较$A=3.9$，本专业当年就业率与往年就业情况比较$B=5.2$，则专业设置和招生规模$R=4.3$。

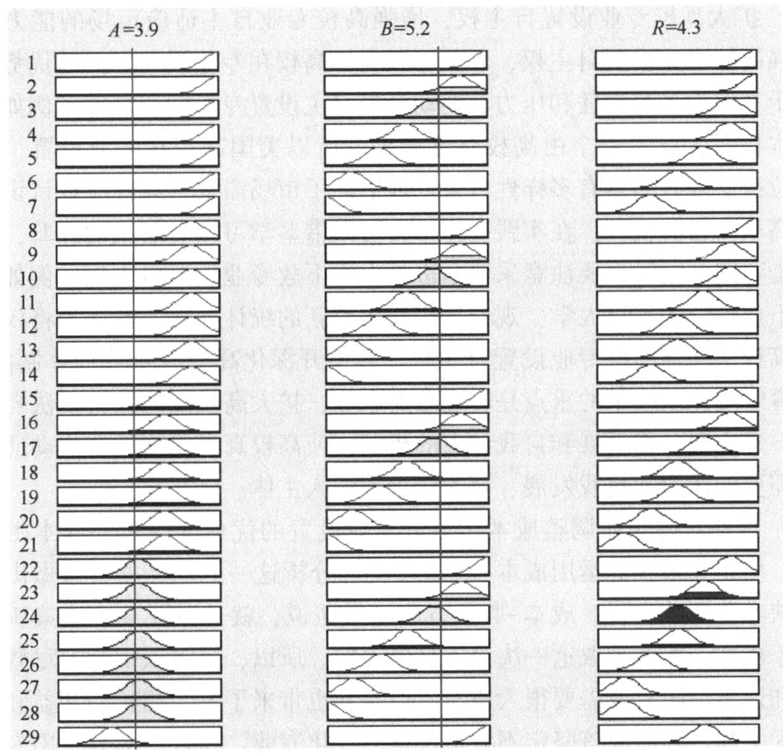

图3-8　基于Mamdani的模糊推理示意图

3.5.4　高校专业设置的改进措施及建议

高校专业设置的改进措施及建议如下：

（1）首先，尽可能获取准确而完备的专业设置相关信息，以便高校代理人做出理性选择。为了降低信息搜寻成本，教育主管部门可以利用互联网形成全国通用的专业设置信息平台，及时反映全国同一专业的有关信息并做出一定的信息预测和专业规划。其次，教育主管部门要对专业设置实施严格管制。如前所述，有力的管制可以有效抑制专业设置雷同。教育主管部门要在科学论证和预测基础上确定专业设置整体数量与培养规模限额，在限额范围内鼓励高校自由竞争获取专业设置权；同时还要进行质量监督，对于培养质量不合格、就业率低的学校限期整改或取消其专业招生资格。最后，鼓励高校进行专业特色建设。把毕业生就业率的高低以及就业层次作为专业培养质量的主要指标，教育主管部门可以对质量高、声誉好的专业所在学校在拨款、自主权等方面予以倾斜，促使高校相同专业之间展开竞争，使专业特色建设成为学校专业生存和发展的内在需要，从而抑制专业设置雷同。

（2）扩大高校专业设置自主权，增强高校专业自主适应市场的能力和积极性。增强高校专业设置自主权，不但可以发挥高校在专业设置方面的优势，而且能够赋予高校更多的责任和压力，调动高校自主设置专业的积极性。例如，美国高校的本科专业设置完全由高校自己确定，所以美国高校在专业设置、专业名称、学位授予等方面具有多样性，较好地适应了市场需求。高校应该认识到专业设置是高校自己的权利，在实践操作中，可以借鉴学习国外的成功经验，为我所用，少走弯路。同时也要注意采取渐进的方式下放专业设置自主权。例如，先将该权力下放给一些重点大学，观察反应及研究新的统计办法，再逐步将权力下放给其他高校。增强高校专业设置自主权，离不开深化高等教育管理体制的改革。高等教育管理体制改革的重点是转变政府职能，扩大高校面向社会依法自主办学的权限，建立起自我发展和自我约束的机制，使高校真正成为具有主动适应市场化改革需要的活力和自我发展、自我约束的法人主体。

（3）理性对待专业调整成本，促进专业设置的优化。巨大的成本阻碍了专业调整，但是如果我们运用成本-收益方法来分析这一问题，就可以做出理性决策，加快专业调整步伐。成本-收益方法通俗地说，就是只要某一决策所带来的收益大于成本，那么采取这一决策就是值得的。所以，笔者认识到，尽管进入朝阳专业和退出夕阳专业需要很大成本，但是其也带来了更大的长期利益和整体利益，利大于弊，因而应该坚定不移地调整、优化专业。并且一部分夕阳专业的退出成本是不管做何种选择都不能收回的，这在经济学中称为沉没成本，在做出退出夕阳专业的决策时应该忽略它，无论沉没成本有多大都不应该受其影响。高校教师也应该充分认识到，只有当自己的劳动满足学生和社会需要时，才能对社会具有价值，也才能体现自己的价值，所以，夕阳专业教师应该顺应社会和学生需要，积极主动地进行新的专业性人力资本投资，为专业设置的优化做好准备。

（4）运用现代的计算机、统计学、运筹学等工具做好大学生就业和专业设置的预测，预警保证系统建立专业设置预测系统，改革教学方法，提升高校专业设置的科学预测和规划能力，用就业率和学生综合适应能力两把尺子衡量高校的运行质量。用人单位有义务接纳高等院校学生的对口实习，并对承担学生实践的企业实行政策激励。高等学校本科专业设置预测系统是一个非常复杂的系统，专业设置涉及教育部门本身，但是更多地涉及社会。第一，涉及 18 岁以前的所有的人口的出生年代和分布；第二，涉及国家经济的整体走势和一些行业、产业的用人或经济增长的预测，比如，测算明年信息产业发展多少，大概需要多少个岗位；第三，还要涉及这些产业中所需要的人的学位、学历的分布。高等学校本科专业设置预测系统需要包括以下内容：建立包括各专业人才培养的规模、变化趋势和供求状况等方面内容的专业设置预测数据库，开发适用的预测数学模型和预测系统平台。在预测系统平台建设的基础上，参照世界主要国家专业设置和人才培养的变化趋势，系统分析我国经济、科技和社会发展对人才的需求状况，定期发布各专业的人才需求预测及专业设置的建议报告，为高校前瞻性地调整专业结构、优化专业布局提供科学依据。在项目实施基础上，能够开展长期性的预测研究，形成专门的专业设置预测研究基地。

3.6　大学生自主创业优化供需结构措施

当前，毕业生总量的跳跃式增长，使毕业生的就业难度不断加大。因此，大学生自主创业就成为大学生成才的重要模式，更是缓解就业压力新的重要途径。

3.6.1　大学生自主创业的现状

大学生自主创业就是大学生通过个人及组织的努力，利用所学的知识，所具备的才能、技术和所形成的各种能力，以自筹资金、技术入股、寻求合作等方式，在有限的环境中，努力创新、寻求机会、不断成长，创造价值的过程。大学生创业已引起社会各方面的关注，国家不断推出针对大学生就业的各种优惠政策，鼓励和支持大学生自主创业。各地政府部门也都推出了针对大学生的创业园区、创业教育培训中心等，以此鼓励大学生自主创业。部分高校也创立了自己的创业园，为学生创业提供支持。目前，国内有不少文献对创业问题进行研究，田洪伟和刘晓春等从创业者的个人素质和能力要求等几个方面对学生创业进行了讨论[70-71]。张碧安对我国大学生创业的原因以及存在的主要问题进行了研究，并提出了相应的对策[72]。赵志军审视我国创业教育的状况，借鉴国内外创业教育经验，明确构建创业教育体系是政府推进创业教育的着力点，认为创业教育应贯穿小学、中学、大学各个教育阶段[73]。许中华等认为目前大学生自主创业环境还不成熟，尚需采取各种措施，改善创业环境，促进大学生自主创业[74]。戴树根等认为在引导和促进大学生自主创业方面，政府应积极营造有利于大学生自主创业的环境及保障机制，学校应积极构建有利于大学生自主创业的教育教学机制，学生应确立自主创业的观念[75]。房欲飞认为大学生创业教育不但可以挖掘知识经济时代大学生的创业潜力，而且对于改革我国的人才培养模式和解决我国高等教育大众化过程中的就业问题具有深远的现实意义和战略意义[76]。虽然各级政府和高校为大学生自主创业提供了各种优惠政策以进行扶持，但是大学生自主创业仍不容乐观。

（1）自主创业参与者少，旁观者多。尽管中央和地方的政府机关、税务部门以及各所高校都对大学生自主创业给予了这样或那样的优惠条件，但是大学生参与的热情仍不是很高。据中国人民大学中国就业研究所联合智联招聘公司揭示的2020届毕业生择业期望发现，选择“创业或其他”的总体比例仅占2.8%，其中大学本科毕业生的意愿“创业或其他”的比例仅占2.4%，还低于总体水平①。较于2015届、2016届与2019届的3.0%，2017届的2.9%，以及2018届的2.7%，发现大学毕业生自主创业的比例呈现平稳态势，参与者总体较少。根据华南某高校对5所重点高校1400名大学生做的一份调查显示，有74.57%的学生表示有创业意向，可是最终创业的却不足1%；根据华中地区某高校对2021届的就业意向调查，发现自主创业的比例仅为0.99%，其中已创业的比例仅为25.53%，也就是74.47%意向创业的大学生处于拟创业状态，可以说是寥寥无几，大部分人都处于观望的状态。大学生仍然把政府部门、大型国有企业和外资企业作为择业的首选目标，自主创业发展步伐缓慢。

（2）自主创业多是从事一些技术含量不高的传统行业，成功率低。大学生在校参加的自主创业计划大赛中，大多数项目都是关于高新技术的。一旦学生毕业脱离学校后，要凭个人之力创办高科技企业，却往往显得势单力薄。因为一些风险投资公司不愿意投资到学生创业的这样规模小、风险大的企业。所以，大多数毕业生在创业时选择了启动资金少、容易开业且风险相对较小较容易操作的传统行业，如餐厅、咨询、零售等小而适合自己的行业。这样一方面可以节约成本；另一方面也可以先积累经验。人们对于大学生创业无疑是寄予厚望的，尽管国家出台了优惠政策，引导大学生自主创业，但目前选择自主创业的大学生并不多，自主创业的成功率也不是很高。据不完全统计，创业企业的失败率高达70%以上，而大学生创业成功率只有2%~3%，远低于一般企业的创业成功率。上海某部门数据也表明，每年三四万歇业或注销的私营企业中，青年学生创办的占很大比例，从指导中心专家志愿团指导青年创业的情况来看，能自立成功的也

---

① 源自：《2020年大学生就业力报告》，中国人民大学中国就业研究所，智联招聘。

是凤毛麟角。

3.6.2　大学生自主创业的问题分析

大学生自主创业之路并非畅通无阻。创业在我国还是一个新生事物，只有短短几年的发展时间，大学生还需突破能力、经验、资金不足、社会观念阻碍等方面的瓶颈。

1. 创业大学生能力经验不足

（1）经验不足。首先，市场经验不足。许多学生在设计产品开发项目时并不了解市场上的需求，或者主观臆断市场需求，或者闷起头来一味地搞技术。他们通常难以得到第一手市场信息，也就无法分析市场未来的发展方向，同时他们往往以自我为中心，缺乏换位思考的能力，这使得很多下大力气研制的产品找不到买家，错过了商业机会，甚至导致失败。其次，社会经验不足。大学生社会经验不足，常常使他们在刚开始创业时盲目乐观，看到的都是成功例子，而对于创业过程中会遇到的失败却没有充分的心理准备。一旦在创业中遇到挫折和失败，许多创业者感到十分痛苦茫然。

（2）综合素质较弱。首先，缺乏管理、法律和风险投资知识。虽然多数学生在大学期间也学了一些管理方面的知识，但对于人事管理、资金财务管理、物资管理、生产管理和市场营销管理、税务、经济法、知识产权法等知识相对较为缺乏。他们创办的公司尽管大都组成了自己的管理团队，其成员有时还有名校的MBA（工商管理硕士），但大多数公司的管理能力还是相当薄弱的。其次，综合素质能力弱。一方面在意志品质方面，大学生自觉性、坚毅性和自制力不够强，而且不够勇敢和果断；另一方面大学生实践开拓、组织领导、协调协作、沟通和人际交往、创业和创造能力等有待进一步提高。

2. 缺乏创业环境

虽然国家出台了一系列鼓励大学生自主创业的优惠政策，但是，大学生创业之路仍异常艰难，除了创业者本身条件的限制，更多的是因为缺乏一个整体有序的创业环境。与国外成熟又完备的创业环境相比，我国现在的创业环境还不是很完善。在资金支持、政府政策、政府项目、创业教育与培训、商务环境等各个方面还需进一步健全和完善。特别是政府职能还未完全转变，政府官员服务意识不强。另外，传统社会观念的阻碍也是创业环境不成熟的一种表现。我国传统的社会观念认为，考上了大学就是跃过了“龙门”，大学毕业之后理所应当去政府部门做公务员，或者去大公司做“白领”，而大学生在毕业之后自己开办一个小企业时，就会被认为是个人能力有问题，找不到工作，所以才进行创业的。对于大学生创业失败的现象，社会也不太宽容，传统“成者王、败者寇”的观念根深蒂固，而事实上对创业失败的包容和理解恰好是对创业十分重要的软环境。

3. 创业教育滞后

联合国教科文组织在1998年10月发表的《21世纪的高等教育：展望与行动世界宣言》中提出，高等学校必须将创业技能和创业精神作为高等教育的目标，要使毕业生“不仅成为求职者，而且成为工作岗位的创造者”。我国教育部也在1999年颁发的《面向21世纪教育振兴行动计划》中指出，“加强对教师和学生的创业教育，鼓励他们自主创办高新技术企业”。但是高校却没有随着时代的发展而改变其教学内容，大部分学校仍是停留在就业教育阶段，很少有学校对学生进行创业教育，导致学生对国家在对学生创业方面的方针政策知之甚少，创业技能储备不足，创业方面知识和能力欠缺等，直接影响了大学生的创业热情。

3.6.3 大学生自主创业的对策

大学生自主创业的对策有以下几方面：

（1）提高大学生的自身素质。首先，要培养大学生自主创业意识。大学生要想在毕业之后比较顺利地进行创业，就要在大学阶段树立创业理想，进行相应的生涯规划，坚信创业理想能够实现，从而为这个理想的实现而不断地奋斗。高校需对学生进行创业培训，让他们在社会实践、创业实践等活动过程中将所学的知识与实践相结合，在正确认知社会的基础上了解社会的需要，积累创业经验，逐渐形成自主创业意识。其次，要塑造良好的创业心理素质。良好的创业心理素质是大学生进行创业的一个必要条件。创业活动是一项面临严峻挑战和压力的创造性事业，必须具备良好的创业心理素质。心理好的人，情绪稳定、性格开朗、人际关系协调，能以极大的热情投身于事业中，充分发挥主观能动性，使潜能得以有效发挥，并善于根据新形势适当地调控自己的身心状态。最后，要培养创业所必需的综合素质能力。创业是一个复杂而又艰巨的过程，它对创业者的综合素质要求很高，尤其是要求创业者具有合理的知识结构。具备一定的管理、商务、税务、投资、法律、创业和专业知识等。另外，还必须培养大学生一些独特的创业素质，包括自立、自强、进取、执着、创新等，在思想上独立思考，在行动上独立展示自我、主宰自己的前途。再者，大学生还需有合理的能力结构，包括实践能力、开拓创新能力、组织领导能力、协调协作和沟通能力、创业能力、创造能力和社会交往能力等。

（2）加强自主创业教育。首先，高等院校应该开设创业教育课程，主要针对创业基础、实务知识和创业选择的培训与教育，培养学生的创业意识和创业能力，引导学生自主创业。现在自主创业主要是靠少数学生的自我摸索，具有一定盲目性。高等院校应该开设有关创业教育的课程，以系统培养学生的创业意识和基本的创业技能以及正确选择创业项目的能力，从而减少大学生创业行为的盲目性。其次，高等院校要积极开展创业计划大赛或组织学生创业实践，锻炼学生的创业能力。最后，针对创业意向进行个性化辅导与开业跟踪扶持。高校通过过程辅导和政府、社会扶持等“一条龙”服务，解决大学生创业过程中的相关难题，提高自主创业的成功率。

（3）营造良好的创业环境。目前，大学生创业所必需的配套措施、规章制度还没有健全或者落实，这就要求国家制定长期战略和政策。各级党委和政府需改善创业环境，通过制定一系列的政策、法规来优化创业环境，指导和支持大学毕业生自主创业。一方面要开辟融资渠道，为大学生创业提供金融支持。因为自主创业面临的最大困难往往是资金的缺乏，毕业生跨出校门进行自主创业时根本没有任何资金积累，这就需要政府开辟融资渠道，为大学生创业提供资金支持。另一方面要求政府部门加强服务意识，为大学生创业提供方便之门。简化手续，提供方便快捷的优质服务，进而形成全社会都支持大学生自主创业的氛围。政府、社会和学校的指导、支持和保护等“一条龙”服务应贯穿大学生自主创业的前、中、后三个时期，积极有效地引导大学生自主创业。

（4）转变社会观念。大学生创业是一项开拓性的事业，需要来自各个方面的支持，尤其是来自家庭、社会等方面的帮助。因此广大毕业生要打破那些“学而优则仕”的想法，即去大公司、政府机关才是找了一份好工作的观念。转变社会观念，鼓励大学生自主创业，尤其是大学生的父母应当敢于放手让他们去实践、去探索，在创业过程中，父母要关心他们的创业，保护他们的积极性。社会还必须提供一定的社会舆论导向，通过一些典型案例向社会广泛宣传，给予大学生舆论上的支持。在创业者遇到暂时的挫折时，社会要以宽容的心态对待他们，不以一时的成败论英雄。

3.6.4　国家及各省的创业相关优惠政策

随着社会和经济的发展，中国创业经历了农民创业、工人创业、知识创业三个阶段，创业形态由低向高转化，创业类型构成生存型创业比重逐年降低，机会型创业比重逐年增加，达到并超过世界平均水平（据 GEM 全球创业观察数据表明）。改革开放 40 多年来，中国市场出现了“双高”（即高成长、高变化）的市场特征，市场环境变得适宜创业。随着高等教育大众化进程的加速，大学生就业流向由国有向民营等中小企业转变，中小企业吸纳毕业生达 75%。由于就业环境的恶化，大学毕业生创业冲动越来越强烈。加强创业教育，营造有利于创业的社会舆论，加大政策扶持力度，鼓励和引导大学毕业生自主创业，是分流就业群体、创造更多的就业岗位、实现大学生就业市场供需结构优化的有效措施。

1. 国家优惠政策

近年来，为支持大学生创业，国家和各级政府出台了许多优惠政策，涉及融资、开业、税收、创业培训、创业指导等诸多方面。对打算创业的大学生来说，了解这些政策，才能走好创业的第一步。

（1）大学毕业生在毕业后两年内自主创业，到创业实体所在地的工商（现为市场监督管理，下同）部门办理营业执照，注册资金（本）在50万元以下的，允许分期到位，首期到位资金不低于注册资本的10%（出资额不低于3万元），一年内实缴注册资本追加到50%以上，余款可在三年内分期到位。

（2）大学毕业生新办咨询业、信息业、技术服务业的企业或经营单位，经税务部门批准，免征企业所得税两年；新办从事交通运输、邮电通信的企业或经营单位，经税务部门批准，第一年免征企业所得税，第二年减半征收企业所得税；新办从事公用事业、商业、物资业、对外贸易业、旅游业、物流业、仓储业、居民服务业、饮食业、教育文化事业、卫生事业的企业或经营单位，经税务部门批准，免征企业所得税一年。

（3）各国有商业银行、股份制银行、城市商业银行和有条件的城市信用社要为自主创业的毕业生提供小额贷款，并简化程序，提供开户和结算便利，贷款额度在2万元左右。贷款期限最长为两年，到期确定需延长的，可申请展期一次。贷款利息按照中国人民银行公布的贷款利率确定，担保最高限额为担保基金的5倍，期限与贷款期限相同。

（4）政府人事行政部门所属的人才中介服务机构，免费为自主创业毕业生保管人事档案（包括代办社保、职称、档案工资等有关手续）两年；提供免费查询人才、劳动力供求信息，免费发布招聘广告等服务；适当减免参加人才集市或人才劳务交流活动收费；优惠为创办企业的员工提供一次培训、测评服务。

以上优惠政策是国家针对所有自主创业的大学生所制定的，各地政府为了扶持当地大学生创业，也出台了相关的政策法规，而且更加细化，更贴近实际。

2. 全国部分地区和城市的创业优惠条件

（1）天津市工商局制定的大学生创办企业优惠政策包括放宽注册资本缴付标准与时限、允许毕业生以人力资源和智力成果投资入股、放宽私企经营范围、工商部门上门为企业服务等。

（2）陕西省工商和税务部门要对毕业两年之内自谋职业、自主创业的毕业生，简化审批程序，积极给予鼓励和支持。主要的优惠政策有以下几项：毕业生新办从事咨询、信息、技术服务的独立核算企业或者经营单位的，经税务部门批准，免征企业所得税两年；毕业生到陕南、陕北特别是国家确定的“老、少、边、穷”地区新办企业的，经税务部门批准，减征或免征企业所得税三年。

（3）江西省规定，大学毕业生自主创业、自谋职业，工商和税务部门要简化审批手续，并参照下岗工人自主谋业标准，提供在一定阶段减免税收的优惠政策；有关部门应筹措毕业生创业风险投资基金。

（4）广东省政府积极支持毕业生自主创业，要求各级工商行政管理部门从快办理登记手续。在现有渠道中为高校毕业生提供创业小额贷款和担保，帮助大学生找到启动自主创业的“第一桶金”。

（5）辽宁省政府为大学生创业专门出台了相关规定，如贷款担保、贴息和财政补助，人事管理和考试录用，促进创业就业，加强创业就业培训，建设就业市场信息网络。

（6）上海市应届大学毕业生创业可享受四项优惠政策，即免费风险评估、免费政策培训、无偿贷款担保以及部分税费减免。为了鼓励大学生创业，上海市设立了一个专门针对应届大学毕业生创业需要的免费创业教育培训中心，培训中心的开支由政府提供。

（7）武汉市提出了“全民创业”的口号，专门成立了全民创业助推办公室，针对大学毕业生还出台了一系列优惠政策，并在大学校园设立创业辅导站，聘请知名企业家担当站长和辅导员，指导大学生创业实务与实践活动。

这些政策被概括为大学生创业优惠政策。综观这些政策，笔者把优惠概括为以下四个方面：

（1）注册登记优惠。一是程序简化。凡申请从事个体经营或申办私营企业的高校毕业生，可通过各级工商部门注册大厅优先登记注册。申请人只需提交登记申请书、验资报告等主要登记材料，可先予颁发营业执照，并在一定期限内按照规定补齐相关材料。二是费用减免。除国家限制的行业外，工商部门自批准其经营之日起一年内免收其个体工商户登记费、管理费和各种证书费。对高校毕业生申办高新技术企业的，如资金确有困难，注册资本达不到最低限额的，允许分期到位。高校毕业生从事社区服务等活动的，一定期限内免予办理工商注册登记，免收各项工商管理费用。

（2）金融贷款优惠。一是优先贷款支持、适当发放信用贷款。对高校毕业生创业贷款，可由高校毕业生为借款主体，担保方可由其家庭或直系亲属家庭成员的稳定收入或有效资产提供相应的联合担保。对于资信良好、还款有保障的，在风险可控的基础上适当发放信用贷款。二是简化贷款手续。三是利率优惠。对创业贷款给予一定的优惠利率扶持，视贷款风险度不同，在法定贷款利率基础上可适当下浮或上浮。

（3）税费减免优惠。对新办的从事咨询业、信息业、技术服务业的企业或经营单位，对新办的独立核算的从事交通运输业、邮电通信业的企业或经营单位，对新办的独立核算的从事公用事业、商业、对外贸易业、旅游业、仓储业、居民服务业、饮食业、教育文化事业、卫生事业的企业或经营单位，对到“老、少、边、穷”地区新办的企业，可以免征或减征一定年限、比例的所得税。

(4) 员工待遇优惠。一是员工聘请和培训享受减免费优惠。在一定时间内，可在有关网站免费查询人才、劳动力供求信息，免费发布招聘广告等。政府人事部门所属的人才中介服务机构免费为创办企业的毕业生、优惠为创办企业的员工提供培训和测评服务。二是人事档案管理免一定年限费用。政府人事行政部门所属的人才中介服务机构免费为其保管人事档案两年。三是社会保险参保有单独渠道。高校毕业生从事自主创业的，可在各级社会保险经办机构设立的个人缴费窗口办理社会保险参保手续。以上就是大学生创业政策的主要内容，各省、区、市出台的政策虽然有些差异，但主体部分相差不是很大。

3.6.5 国家及各省创业政策的不足及改进建议

1. 现行创业政策的一些不足

大学生创业政策的相继出台，体现了各级政府的重视，也使大学生创业有了良好的政策保障，这对推动大学生创业、正确引导大学生就业、促进社会的发展具有非常重要的作用和深远的意义。通过近几年的实践检验，不难发现，大学生创业政策还存在一些缺陷，需要进一步完善。

(1) 政策操作的难度较大。实践表明，任何政策难就难在操作，难就难在实施，大学生创业政策更是如此。国家工商总局（现为国家市场监督管理总局）虽然出台了有关政策，但一般都只是确定原则和方向，对全国各个地区具有很强的指导性，可操作性相对较差。政策出台的本身，就意味着操作难的问题。特别是各省、区、市在制定政策时，就会出现怎么理解、怎么执行、怎么平衡的问题。从实际情况来看，各省、区、市出台的政策基本上是照葫芦画瓢，只是对一些条款进行了程度不同的细化，也没有制定相应配套的实施办法。这样，看起来内容细了，操作性似乎强了，但在具体实施过程中往往出现不知怎么办的情况。更重要的是，实际操作部门的积极性如何也影响到政策的执行和实施。

(2) 政策优惠的含金量较小。大学生创业政策看起来非常诱人、非常优惠，减免收费的项目少则几项，多则几十项。但认真分析一下就会发现，这些项目大多是办事程序中的一些手续费、证件费，优惠的费用加起来少的只有几十元，多的也只有几百元。这些费用与学生创业所需要的费用相比，所占比例微乎其微。至于所得税减免方面的优惠，虽然意义很大，但对刚刚起步创业的大学生来讲作用不是很大，还是一种遥不可及的优惠。

(3) 政策设限的条件较多。这些优惠政策同时还设置了不少限制性条件，比如，规定自主创业者只能从事个体经营，而不能开办公司，并对从事个体经营又进行了从事行业的限制。那些允许经营的行业又与大学生的求职需求有差距，且从事这些行业，需要相当的创业成本和社会资源成本，这不是一般大学生能承受的。再如贷款，也有很多限制性条件，条条都很苛刻；还有办理登记注册手续时，规定需带齐身份证、毕业证、就业报到证原件。这些政策由于设置了过多过高的条件，使优惠大打折扣。

（4）政策导向的层次较低。目前，创业政策的出发点仅仅是为了解决就业，这在一定意义上忽视了大学生现有知识能力和未来发展趋势。所有的优惠都是鼓励和引导大学生从事服务性、简单化的个体经营项目。大学生并不是不能从事这些经营项目，如果国家的政策忽视大学生自身的价值以及他们的价值取向，就很难实现制定者的初衷，导致政策起不到激励创业的作用，反而削弱政策的实效性。

（5）政策不配套。大学生创业是一个系统工程，不能认为就是高校的事情，而是需要全社会各行各业的支持，特别是各级政府要担负起主要责任。目前，除了教育系统、劳动保障系统、人事系统、公安系统，其他系统如银行、保险、市场监督管理、司法、税务、投资基金等系统，都还没有相应的支持和扶持大学生创业的配套政策。大学毕业生进入市场后，如果市场准入标准太高，创业环境不改善，市场游戏竞争规则不公平、不规范，创业成果和产权得不到妥善保护，那么，大学生的创业激情很容易受到伤害。

（6）政策执行力不强。虽然国家再三强调要大力支持和扶持大学毕业生创业，相应的政策早已颁布，但一些地方政府和有关单位以及高校并没有积极地贯彻执行。“上有政策，下有对策”，各行其是。

（7）政策治标不治本。目前，大学生创业政策主要是在大学毕业生办理创业经营许可证过程中可以享受的一些优惠条件。但大学生创业存在两个突出的问题：一是缺乏创业资金；二是缺乏创业管理能力。前一个问题好解决，而后一个问题却不容易在短期内解决。缺乏创业管理能力，发现不了市场机会，有了机会，不懂组织市场运作，不懂团队管理，即使有创业资金，也不知道财务管理与融资，其结果可想而知。

2. *创业政策改进建议*

创业政策的制定与调整建议注意以下几点：

（1）要从大学生的实际出发。大学生的最大实际是“一有三无”，即有知识，大学生经过大学的学习和训练，已经具有了科学文化知识储备，在一定的环境和条件下，这种知识可能内化为能力、外化为创造，这也是大学生的最大财富；无资金，学生是消费者，本来读书花的就是父母的钱，如果创业再花父母的钱大学生可能会不太愿意；无经验，学生在校的主要任务是学习，不可能有丰富的社会生活经验；无关系，大学四年，他们的交际圈子仅限于同学和教师，社会关系基本是空白。创业政策的制定与调整，必须充分考虑大学生的这种实际，既不能将他们等同于下岗职工，也不能将其当作失业青年，因为在他们身上寄托着社会的创业理想。

（2）要以解决创业资金为重点。“巧妇难为无米之炊”，大学生创业面临的最大困难是资金。传统的创业资金来源于创业者自身的积累，现在依靠这种方法筹集资金创办企业已不能适应发展要求。更何况就业的压力迫使学生一走出校门就要进行自主创业，来不及进行资金积累。现在各级政府虽然出台了一些大学生创业贷款政策，但由于种种原因，使这项政策推动很难，落不到实处。各级政府必须下大力气来建立良好的风险投资机制，积极探索利用技术、专利、知识、信用等担保的融资渠道，真正解决大学生创业资金问题。

（3）要引导学生确定合理的创业目标。政策就是导向，有什么样的创业政策就会有什么样的价值取向和创业目标。创业政策要引导大学生确立合理的创业目标，不能过高，也不能过低。过高一时难以实现，过低则容易造成自身价值贬值，甚至束缚创业能力的发挥。这就要求创业政策有明确的导向，鼓励什么，支持什么，反对什么，限制什么，都要体现出来。最重要的是，要反映大学生的知识能力和发展趋势，积极鼓励他们创办以科技型为主的企业，创办可以产生较大社会价值的企业，而不能过多引导他们去从事那些简单化的经营项目。

（4）要尽量减少限制性条件。对大学生创业不能纯粹从解决就业的角度去看，而应该从为社会创造财富、为更多的人创造就业岗位的方面去认知。如果有大批大学生企业出现，对社会的经济发展和政治稳定将会起到十分重要的作用。因此，创业政策应该尽量减少限制、降低门槛、简化程序、方便快捷、做好服务，用良好的创业政策催生富有发展前景的大学生创业，培育富有传奇色彩的大学生创业英雄。

（5）构建创业平台，改善创业环境。提高对创业企业的金融支持，增加对创业企业的政府服务型组织，改善研究开发转移的条件，将是政府创业政策考虑的重点，也是对大学生创业的一个有力支持。政府要大力构建大学生创业平台，规范市场游戏规则，降低公司注册资金准入标准，改善大学生创业环境。

本章小结

本章主要讨论了大学生就业市场供需结构优化问题。首先，在总结了大学生就业市场用人单位人才需求特点和高校人才供给特点的基础上，对当前的大学生

就业市场供需结构进行了分析。针对大学生就业市场“失灵”的主要表现，提出了通过政府宏观调控，以公共赎买和疏通流动渠道等优化措施引导大学生到基层就业。其次，对高校专业设置和招生规模等影响大学生就业市场供需结构的重要因素进行了深入讨论，并建立了基于模糊推理的高校专业设置与招生规模的理论参考模型，为高校的专业设置和招生规模的定量分析提供了参考解决方案。最后，对政府大力提倡的大学生创业问题进行了讨论，分析了大学生自主创业的现状，介绍了国家及各省、区、市创业的相关优惠政策，分析其不足之处，并提出了相关建议和对策。

第4章 大学生职业素质培养优化

大学生就业市场除了存在结构性矛盾，还存在另外一个主要矛盾就是摩擦性矛盾，它是指求职者与工作相匹配的过程所引起的矛盾，是由于经济运行中各种因素的变化和劳动力市场的功能缺陷所造成的临时性矛盾。对毕业生而言，主要表现在就业观念没有随着市场的变化而转变、职业规划欠缺、职业素养不符合需方要求、实践动手能力不足等。对高校而言，没有以社会需求和就业为导向实时进行相关课程调整，职业规划与就业指导教育不能满足学生发展的需要，在就业教育过程中急功近利等。本章主要从大学生就业市场职业素质培养优化角度着手，对大学生职业素质培养优化问题进行讨论。大学生职业素质培养主要包括两方面的培养：一是大学生的自我培养优化；二是高校的教育培养优化。

4.1　大学生职业素质

在当今的时代背景下，大学生就业形势的严峻性日益凸显。经过几年大学生活，大学生在知识积累、能力提升与人格完善等方面都有了积极的发展，有着强烈的就业意愿和积极的就业动机，为能尽快实现自己的人生价值而感到由衷的欢欣；就业岗位和就业方式的多样化也为大学生就业提供了更多的机遇和更大的自由度。但中国的基本国情为大学生就业提供了一个不容乐观的客观现实：由于中国经济和社会正处于转型期，产业结构调整、企事业单位减员、政府机构缩编，在短期内为大学生提供的就业岗位增速有限。正如大众所知，金融、互联网、广告等行业正步入严冬。事实上，裁员从互联网行业，扩展到了传统行业。2019年5月，软件行业的甲骨文公司裁员近千人；6月，手机行业的三星、魅族公司裁员；7月，汽车行业的蔚来汽车公司裁员近千人，神龙汽车公司裁员5000人；8月，金融行业的汇丰集团全球裁员8000人，国内证大财富公司裁员。与此同时，2020年全国毕业生人数创历史新高，达到顶峰状态，总人数874万，往届未就业大学生117万。此外，加上疫情的影响，疫情防控常态下的大学生就业形势更为严峻。北森招聘大数据显示，2020年第一季度整体招聘需求收缩明显，疫情之下劳动力市场短期内供需失衡，人力成本制约各行各业的生存。企业HR调研数据也显示，85.7%的受访企业的2020年校招规模有不同程度的缩减。其中，缩减规模在10%以下的企业有15.9%，10%~30%的企业有27.9%，30%~50%的企业有28.2%，还有13.6%的企业缩减高达50%以上。如此严峻的形势无疑给大学生就业带来了极大的心理压力。加之在大学生就业过程中，专业设置的特色性差、就业岗位的有限性、期望值的非理性化、传统文化、价值观念、工作经验的缺乏、竞争激烈等因素的综合作用，导致近年来大学生就业压力越来越大。如何应对这种危机局面？以上种种因素已经引起政府和各级管理部门的高度关注，不少专家学者也提出了许多学术观点和对策。职业素质欠缺、核心竞争力不强的问题已经引起有关专家学者的注意，而如何完善高校教育管理和培养并优化大学生职业素质，是目前大学生就业工作研究中少有被系统论述的领域，对这个问题进行积极的、系统的探索，将对整个大学生就业群体乃至全社会都十分重要。

4.1.1 大学生职业素质的基本特征

结合管理学家给我们的启迪[77-80]，不妨给大学生职业素质做一个大致的界定：大学生职业素质是一个以专业职能、开拓创新为基本内核的就业能力的组合，是能够使某一大学生在就业的一定时期内保持现实或潜在竞争优势的动态平衡系统。

大学生职业素质应具备以下特征：

1. 有效性

有效性也可以称为有用性。大学毕业生是否有出色的表现，或者就长远来说是否具有稳定的优势，最终还是要由用人单位（机关、军队、企业、学校等）来评判。一切竞争归根到底都是为更好地满足用人单位的使用需求，都必须使大学毕业生具有用人单位认可的实用价值；用人单位给予的实用价值预期值越高，则标志着该毕业生的就业竞争力越强，就业成功的概率越大；而脱离了这一点，大学毕业生进入就业市场将寸步难行。

2. 独特性

独特性意指某一大学生具有的能力不易被其他大学生对手模仿。一般来说，某大学生就业的核心竞争力具有比对竞争对手而言更高的进入壁垒，核心竞争力结构中的专业智能化成分所占的比重越大，便可凭借其核心竞争力获得越大的竞争优势；在就业市场的双向选择中才可能脱颖而出，抢占先机。创新才能形成有生命力的核心竞争力，而只停留在模仿的发展层面，跟在别人后面亦步亦趋、随波逐流，只能甘拜下风，自叹弗如。在“一个学位=工作”这一公式不再适用的时代，高等教育培养的毕业生不应仅仅是求职者，还应该是成功的企业家和就业岗位的创造者。

3. 代偿性

代偿性意指大学生有一技专长可以弥补自己其他方面的缺点与不足。现代社会的飞速发展，知识更新、科技创新以前所未有的加速度呈现在我们的生活中，作为一名大学毕业生，在短短数年的学习中，要将自己培养成“全才”已不可能。现代社会在选择使用大学生时包容性更强，更多时候是关注其一技专长，而不会提出面面俱到的过高要求。有关专家学者建议大学生与其盲目多元化，不如潜心专业化，做强不一定做大。

4. 复合性

复合性意指大学生职业素质是一个多要素复合作用下的复合系统。在这一复合系统中，由一种或几种核心能力起关键作用，而其余能力要素发挥辅助支持作用。核心能力（core competence）理论是美国经济管理学家C. K. 普拉霍莱德（C. K. Prahalad）和G. 哈米尔（G. Hamer）在他们的经典论文《公司的核心能力》中首次提出来的，它是企业独有的、能为消费者带来特殊效用，使企业在某一市场中长期具有竞争优势的内在能力资源；是公司所具有的竞争优势和区别于竞争对手的知识体系，是公司在发展过程中建立与发展起来的一种知识与资产互补的体系，是公司竞争能力的基础。大学生就业成功的过程，也就是其核心竞争力培育、发展和发挥作用的过程。

5. 动态性

核心竞争力也需要不断发展。大学生职业素质的形成是一个长期的积累过程，更是一个不断发展变化的动态平衡系统。任何大学生一旦放弃对自己职业素质的持续努力，职业素质的生命力也将逐渐消失，其在就业市场中的竞争优势就会逐渐弱化直至丧失。

4.1.2 大学生职业素质的建构要素

1. 优化专业知识智力结构的能力

大学生职业素质建构的第一要素就是要有较强的优化专业知识智力结构的能力。该要素系统又包括信息输入能力、信息组织能力、信息输出能力等子系统。

(1) 信息输入能力。其主要包括阅读能力、听讲能力、综合感知能力。科学家研究表明，人类知识量增加的速度越来越快，知识老化的周期越来越短。面对这种情况，大学生如果没有较强的阅读能力是很难学有所成的。阅读能力由6种基本要素组成：选择、认读、理解、记忆、速度、方法。理解是阅读能力中具有核心评价意义的部分，而方法是关键。大学生增加知识、发展智力的主渠道仍然是课堂教学，因此，听讲能力的高与低，往往制约着其专业知识智力结构的构建水平。高校课堂教学的非重复性要求大学生听讲时必须将感知力、注意力、记忆力、思维力、想象力紧密配合，有机协调，以达到触类旁通、举一反三的境界。通过各种智力因素的密切配合获得信息输入的一种能力。大学生通过不断地提高自己的综合感知能力，不但可以学习教师传授的知识，而且可以学习教师传授知识的立场、观点、思想感情、思维方式，从而提高优化自己专业知识智力结构的水平。

（2）信息组织能力。信息输入的过程中必须首先学会选择。选择的基础是对信息的鉴别，分清真伪，辨别正误，既要防止信息失真，又要防止信息污染。选择的核心是思维的独立性和创造性。综合能力是信息组织能力中具有核心评价意义的部分。首先，大学生在接收信息以后，应当通过思维加工，发现各种信息之间的相互联系、相互作用，使其构成一个有机的系统；其次，发现各种信息的统摄点，由感性认知升华为理性认知；最后，能够对已有的信息加以重组，产生创造性信息。

（3）信息输出能力。信息输出能力是衡量大学生专业知识智力结构水平的重要标志，主要由以下几个要素构成：口头语言表达能力、书面文字表达能力、图示表格表达能力、数理计算表达能力、体态表情表达能力。口头语言表达能力是大学生最基本的信息输出能力。准确性和生动性是大学生口头语言表达能力的两个重要特征。讨论、报告、即兴演讲等，都是经实践证明的自我培养口头语言表达能力的有效形式。书面文字表达是在应用范围、频率上仅次于口头语言表达的另一种最基本的信息输出方式，克服了口头语言的空间局限性和时间局限性，有着独特的效能。书面文字表达能力的培养，除了要坚持口头语言表达的准确性与生动性，对语言的逻辑性与艺术性也提出了更高的要求。形象性、简洁性、直观性是图示表格表达的重要特征。图示表格表达以口头语言表达和书面文字表达为基础，是经提炼、抽象、升华、创造而成的一种生动明了的表达方式，同时又反作用于二者，促进它们的提高，运用恰当准确时往往可以收到“此时无声胜有声”的艺术效果。以往人们往往认为只有自然科学离不开数理计算表达能力，现在由于交叉学科、边缘学科、综合学科的大量出现，数理计算表达能力正向越来越多的学科、越来越广泛的领域渗透，并正在成为各专业人员的一种必备的能力。体态表情表达能力虽然被有些人称为体态语言，而实际上它是一种非语言的表达方式。形象性、生动性、直观性、暗含性、模糊性等是体态表情表达的显著特点，同时它又表现出较典型的个性色彩。

2. 强化组织管理能力

较强的组织管理能力是大学生职业素质建构的又一要素系统，主要由自我管理能力、专业组织管理能力、时间管理能力等因素组成。

（1）自我管理能力。其主要包括自我认知能力、自我选择能力、自我控制能力、自我完善能力。大学生的自我认知包括自我感觉、自我观察、自我分析、自我评价等。其中，自我评价代表了自我认知的层次与水平，是具有核心评价意义的部分。大学生要培养自己较强的自我认知能力，首先要和他人比较；其次是正确分析他人对自己的态度；再次要积极参加社会实践活动；最后要认真自我反省。自我选择包括自我命令、自我激励等因素。自我命令是自我选择中具有核心评价意义的部分。自我选择能力是健康人格的重要标志。大学生要培养自我选择能力，必须遵循扬长避短与社会需要相结合的原则，使自我选择的定位既符合自我的社会现实情况，又符合社会的要求。自我控制能力是指以自我认知为基础、自我选择为途径、自我体验为参照，对自我行为、心理状态及其与周围关系的调节能力。自我控制包括自我计划、自我监督、自我调节等环节。自我调节是其具有核心评价意义的部分。大学生自我控制能力的最高发展应当是自理、自立、自律、自强。自我完善能力是指经过自我认知、自我选择、自我控制，从而产生自我设计、自我发展的意向，并经努力实现自我综合素质的提高与身心和谐发展的能力。大学生的自我完善能力是大学生自我管理能力的核心和最高追求，其水平的高与低往往是制约大学生成才与否的关键性因素。

（2）专业组织管理能力。专业组织管理能力是组织集体完成某一专业活动，使集体成员按照明确的计划，分工协作，实现预期目标的能力。它包括确立目标、制订计划、知人善任、健全机构、组织力量、指挥行动、适应变化、调节关系、控制系统、总结经验等能力。

（3）时间管理能力。现代社会的发展高度重视时间资源的开发利用，机遇意识、效率意识、竞争意识都建立在科学的时间意识基础之上。大学生作为未来的现代化建设人才，必须培养自己具有较强的时间管理能力。首先，要防止时间的浪费，要珍惜时间；其次，要学会科学合理地利用时间，加强计划、全面运筹、合理分配、认真检查、及时调整；最后，要遵循人的生理、心理规律，劳逸结合，提高效率。

3. 加强社会实践

社会实践活动是大学生了解社会、认知国情的重要渠道，更是加速大学生社会化过程的重要手段，为大学生职业素质结构优化提供了现实的条件，主要包括社会交际能力、社会适应能力和创造能力。

（1）社会交际能力。大学生若要形成较强的社会交往能力，需要注意正确认知自我，完善自我；需要克服社交的恐惧自卑等不良心理，扩大交往范围，注意学习和掌握交往艺术。

（2）社会适应能力。大学生的社会适应能力是社会化的重要指标，但长期以来该能力一直是一个薄弱环节。大学生活不只要进行课堂内的学习，还应进行大量的从生存到全面发展的多层次、全方位的社会适应能力的训练与培养。

（3）创造能力。其主要包括选择研究方向的能力和选择创造性课题的能力优化发展能力。选择研究方向的能力是大学生根据客观条件和社会需要等因素，决定自己一生或某一阶段主攻方向的能力。首先，要科学分析主客观条件；其次，要考虑研究方向的学术意义和社会意义。选择创造性课题是进行科学创造的实际起点，大学生必须勇于实践，从实践中抓住问题，勤于思考、善于发现，积极培养自己选择创造性课题的能力。创造活动是一项高度复杂、高度灵活的活动，与之相适应的各项能力，也是一个有机整体，既有理论研究能力，也有科学实验能力，更需要有创造成果的表达能力。

大学生职业素质结构是一个动态发展的系统，如何使自己的核心竞争力显出优势，则取决于大学生优化发展能力水平的高低。较强的优化发展能力会使核心竞争力结构中的其他要素进行有机整合、聚焦、形成合力，发挥出“1+1>2”的效应，使核心竞争力达到理想水平。

4. 1. 3　大学生职业素质培养优化的措施

1. 强化技能

高等教育的任务是培养具有创新精神和实践能力的高级专门人才。在这种高级专门人才的培养过程中，专业技能尤为重要，是大学生的立身之本。高校首先要抓好学生的专业技能教育，要与社会需求接轨，提高对市场的灵敏度，通过市场需求带动人才培养环节的改革，适时调整高等教育调控机制。建立以职业能力培养为中心的教学体系，专业教学要加强针对性和实用性，加强实践教学环节，突出技能训练。

2. 强化综合素质

就业竞争力不单是指某项技能，而是指大学生多种素质和能力的综合表现。目前，真正做到和谐发展的大学生并不是很多，很多大学生在某一方面比较突出，可是突出的方面太少，其他相对落后的方面又偏多。为什么有的就不了业?学生职业素质不行，用人单位不愿用。专业技能和人文素质两方面必须兼顾，二者相辅相成。高等教育在课程设置上应该注重文理渗透，人文素质教育不仅仅是要传授文学、历史、哲学等知识，更重要的是要培养一种历史感，它不仅有助于大学生在专业领域内更有创造力，还可以使学生变得更善于深思熟虑，成为更全面、更成功的人。

3. 强化全面和谐发展

高等教育应对大学生加强世界观、人生观、价值观的教育，在就业选择中，确立正确的价值观，提升人格，促进职业素质的全面和谐发展。高校应培养大学生健全的人格和良好的心理素质，自信而不自负，务实而不庸俗，面对挫折与失败时具有较强的意志力和坚忍不拔的精神，对事情有积极乐观的心态，正确认知自我，科学定位自我，不断提高自我完善能力。

4. 2　大学生职业规划

4. 2. 1　大学生职业规划动因分析

近年来，随着高校大规模的扩招，在校大学生数量急剧增加，毕业生人数也连年攀升。据统计，我国2010—2019年高等院校毕业生人数分别为：575.4万、608.2万、624.7万、699万、727万、749万、765万、795万、820万、834万，2020年更是高达874万。随着毕业生的数量日益增加，大学生就业困难的问题也越来越凸显，越来越受到社会的关注。大学生为什么会出现就业困难呢？造成大学生就业困难都有哪些因素呢？答案有很多，如社会因素、政策因素、大学生综合素质不够高、教育体制不够合理等。

造成大学生就业困难可以分为两种因素：一种是来自大学生之外的外界因素，如社会、体制等，称为外因；另一种是来自大学生自身的因素，如个性、自我意识等，称为内因。相关文献也表明，目前有关就业市场和就业机会等影响大学生就业的研究已经有了一定成果；而对于大学生自身因素的研究却很少，更缺乏直接调查的客观数据作为理论依据。笔者从事高等院校的教学，通过调查问卷的形式，和大学生进行了长期的互动式教学，通过交流和观察，并进行统计分析取得了客观数据。本章主要是针对内因来探讨影响大学生就业的若干因素。

查阅相关文献发现，国内现有研究中，仅有一项是对北京市人文经济类综合性重点大学大学生的调查。该调查显示，有62.2%的大学生对自己未来的发展和职业生涯没有规划，32.8%的大学生不明确，只有5.0%的大学生有明确的设计。该调查的作者认为这是一个就业迷茫导致就业困难的现象，提出建立正确的职业生涯规划是提升就业竞争力的论点。

表4-1对样本中所有大学生在职业规划上的一般状况进行了统计分析，把大学生分为三类：对自身职业定位、职业规划比较清楚的大学生中只选定了一项；对自己职业规划模糊的大学生在职业规划的选择中选定了两项；在职业规划的选择中选定三项的大学生是根本没有职业规划的人群。具有清晰的职业规划的学生占少数，而且从大一到大四随年级的增加呈递减趋势。这说明学生需要职业规划方面的指导，高校教师应当担负起指导学生职业规划的职责。

表4-1 北京市某高校大学生职业规划调查表

变量名称	大一占本年级比例/%	大二占本年级比例/%	大三占本年级比例/%	大四占本年级比例/%	总体比例/%
职业规划清晰	24	12	18	3	14.25
职业规划模糊	66	62	52	62	60.50
无职业规划	10	26	30	35	25.25

4.2.2 大学四年职业规划方案

1. 大学生职业规划的步骤

大学生职业规划应包括自我评估、确定短期目标和长期目标、制订行动计划和内容、选择需要采取的方式和途径四个步骤。首先是进行自我评估，根据家长、教师和同学的评价，借助职业兴趣测验和性格测验，发现自己是一个较为外向开朗的人还是内向稳重的人，并对哪些问题较为感兴趣，如经济问题还是管理问题，或擅长哪些技能，如分析、对数字敏感、口语表达能力等。也可分析出自己的一些弱点。其次是确定短期目标和长期目标，长期目标一般是以后职业规划的顶点，或较高点也就是梦想，但要细化至具体工作，如毕业后进入国际知名管理顾问公司从事研究分析、咨询工作。短期目标设立一般是素质能力的提高，或有用证书和考试的通过与获取。

2. 从试探期到分化期，四个年级侧重不同

大学生分别在四个年级中制订行动计划时选择需要采取的方式和途径不尽相同，要根据自己的长期目标因人而异。

（1）大一为试探期。大学生要初步了解职业，特别是自己未来想从事的职业或自己所学专业对口的职业，提高人际沟通能力。具体活动可包括多和师哥师姐进行交流，尤其是大四的毕业生，询问就业情况；多参加学校活动，增加交流技巧；学习计算机知识，争取通过计算机和网络辅助自己的学习；为可能的转系、获得双学位、留学计划等做好资料收集及课程准备；多利用学生手册，了解相关规定。当大学生刚刚开始自己的大学生活时，对自己以后要做什么不清楚是很正常的。抓紧大学的时间去习得相关的专业能力、人格形成、生活方式以及价值观的一切事物。这些信息将帮助大学生重新衡量自己所选择的专业并且为自己打开一个充满无限机遇和可能的职业旅途。通过各种学生组织、体育比赛等课外活动来发展和完善自己的兴趣与爱好。涉足了解学校就业指导中心等类似机构所提供的有关职业信息，对职业形成一定认知。和自己的家人、朋友、导师等重要他人讨论自己的职业兴趣，当然也可以是其他能够给予你建议的人，尤其是那些已经走上工作岗位并取得一定成就的大学毕业生。接受专业的相关心理测试并进行相关访谈等活动，从而加深对自我的认知，明确自己必须加强的方面，努力学习，从而提高竞争力。

（2）大二为定向期。大学生应考虑清楚未来是否深造或就业，了解相关的活动，并以提高自身的基本素质为主，通过参加学生会或社团等组织，锻炼自己的各种能力，同时检验自己的知识技能；可以开始尝试兼职、社会实践活动等，并要长期坚持，最好能在课余时间从事与自己未来职业或本专业有关的实践工

作，提高自己的主动性、责任感和受挫能力；提高英语、计算机等工具性水平能力，并开始有选择地辅修其他专业的知识充实自己；继续拓展大学生在职业选择方面的知识，将所有自己感兴趣的职位和行业做一个列表。通过各种渠道学习更多的关于职场的信息。研究其他相关信息，争取机会和那些对大学生的职业发展有兴趣并且在相关行业工作的人进行交流，或者在这个职位上与一个专业人员共事。积极寻找实习、兼职、暑期工以及志愿者活动来增加自己的工作经验。继续发现和收集关于职业发展领域的信息。最好的资源就是那些已经工作的并且愿意跟大学生探讨职业规划的人。暑期兼职、实习以及一些志愿者活动也会使大学生得到最直观的信息。参加其他与职业相关的活动从而尽可能多地了解行业以及整个职场。

(3) 大三为冲刺期。因为临近毕业，所以大学生的目标应锁定在提高求职技能、收集公司信息并确定自己未来之路上。在撰写专业学术文章时，可大胆提出自己见解，锻炼自己独立解决问题的能力和创造性；参加和专业有关的暑期工作，和同学交流求职工作心得体会，学习写简历、求职信，了解收集工作信息的渠道，并积极尝试，加入校友网络，和已经毕业的校友、师哥师姐进行有效沟通以了解往年的求职情况；希望出国留学的学生，可多接触留学顾问，参与留学系列活动，备考 TOEFL、GRE 等，注意留学考试资讯，向相关教育部门索取简章等。实习和暑期兼职将帮助大学生获得新的技术，了解更多的职业咨询，并且构建大学生自己的人脉网络。以自己更好的学术表现，尤其是专业技能，尝试回答大一时的问题："我是谁?""我在哪里?""我想到哪里去?"等问题，细化大学生的职业选择，并且与专业人员探讨自己的职业发展情况，从而衡量自己早期规划是否可行，形成反馈并及时调整，如准备考研的，探讨自己的职业规划是否需要一个更高的学术背景；准备就业的，关注自己心仪的公司以及工作环境和企业文化，能否提供最适合自己的职位。继续寻找并且从事那些能使自己获得宝贵经验的实习机会或兼职工作，进一步做好相关调整后的规划实践和探讨工作。

(4) 大四为分化期。找工作的找工作、考研的考研、出国的出国，不再犹豫不决，大部分学生的目标应该锁定在工作申请及成功就业上。这时，可先对前三年的准备做一个总结：首先，再次检验自己已确立的职业目标是否明确，前三年的准备是否已充分；其次，开始毕业后工作的申请，积极参加招聘活动，在实践中校验自己的积累和准备；最后，针对目标企业进行模拟面试。积极利用学校提供的条件，了解就业指导中心提供的用人公司资料信息、强化求职技巧等训练，尽可能地在做到较为充分准备的情况下进行演练。大学生应该提前计划并且设置切实可行的职业目标，为即将面对的从大学校园到社会或者更高一级学位学习的转变做准备。了解求职的每一点信息，有可能的话可以参加一下专业的求职培训，向专业职业咨询师进行咨询。为自己的第一份工作进行准备，就工作的第一年可能面对的问题向师哥师姐请教。充分利用好人脉关系为自己的求职历程创造机会。利用一切可以利用的机会拓展求职的渠道，如网络、招聘会、宣讲会等。确认自己有关毕业以及签约的一切事宜，以免到最后给自己带来措手不及的麻烦。

4.3　高校职业规划与就业指导教育

近年来，高校毕业生人数迅速增加，就业压力持续上升，毕业生就业工作已成为摆在高校面前的一项重要工作。为此，各高校纷纷成立了职业规划与就业指导的教学和研究机构，开设职业规划与就业指导相关课程，旨在促进广大毕业生顺利就业。职业规划与就业指导课程的地位日益凸显，其独特的作用逐渐得到学生的青睐，并引起学校的高度重视，因此开展对职业规划与就业指导课程的研究就显得十分必要而迫切，职业规划与就业指导课程也得到了不少专家学者的关注[81-83]。

4.3.1　高校职业规划与就业指导教育的现状

高校职业规划与就业指导教育主要以课程教育为主，就业服务为辅。为此，各高校也纷纷开设了职业规划和就业指导等一系列课程，但实践中存在以下问题：

1. 受方方面面的限制，教学安排不尽合理

虽然毕业生对就业指导课程的开设给予了充分肯定，但学生到课率并不高，数据显示该课程学生的平均到课率仅为 43%。究其原因，主要是授课时间安排不当，该校就业指导主要针对毕业生，授课时间集中在大四上学期，35%报考研究生的同学因备考需要而无暇听课；5%的同学请假外出应聘，还有的同学因与专业课时间冲突，不能按时到堂听课；另外，由于受场地和时间限制，就业指导课程基本上是大班开课，并且绝大部分课程安排在晚上，授课效果大打折扣，这也是到课率不高的一个重要原因。

2. 课时安排不足

按该校编写的教材来看，就业指导课程分职业生涯规划、测评与咨询、就业政策与形势分析、择业道德、择业技巧、择业心理等 16 章节内容，虽然就业指导课程的学习与专业课程的学习有一定的区别，大多数内容学生可以自学，教师授课只需对主要内容进行引导和启发，但只安排 10 课时的授课时间，使教学任务还是很难在规定时间内完成，课堂上对学生的引导只能浅尝辄止，无法深入进

行，严重影响了教学效果。在本次调查的 2101 名毕业生中，要求扩充课时的毕业生有 1100 多人，占被调查总数的 51.04%，其中要求将课时调整为 16 课时的比例达 30.7%。

3. 授课对象不应局限于毕业生

许多毕业生认为就业指导课程临近毕业开课时间太晚。从统计结果来看，45.27%的学生要求将就业指导时间提前，还有近 400 名毕业生认为，就业指导课程应从大一开始，贯穿整个大学生涯。这说明国家对就业指导全程化的要求完全符合学生需要。就业指导全程化不仅是教育管理者的反思，同时也是毕业生甚至是大学新生的诉求。据《中国青年报》的一项调查显示，新生存在的四大问题有目标定位、人际交往、学习问题、就业压力。可见，就业已成为新生思考的重要内容，因此，就业指导课程应从新生开始，实现教学的全程化、全员化，面向全体学生，贯穿学生整个大学学习期间。

4. 教师队伍建设存在的问题

（1）教师队伍的不稳定在很大程度上影响了教学效果。由于人事制度改革，在国内从事毕业生就业工作的人员流动性大，积累一定经验和有一些理论思考的人可能因轮岗原因调离工作岗位，造成资深人员的流失，严重影响到就业指导的效果。从抽查的情况来看，每位课堂到课率差异较大，最高的为 65%，最低的仅为 17%。结果显示，新近从事就业指导的教师教学效果要明显弱于长期从事就业指导的教师，这表明就业指导需要理论研究和实践经验积累。

（2）对课时的要求与教学效果呈正相关，如图 4-1 所示。

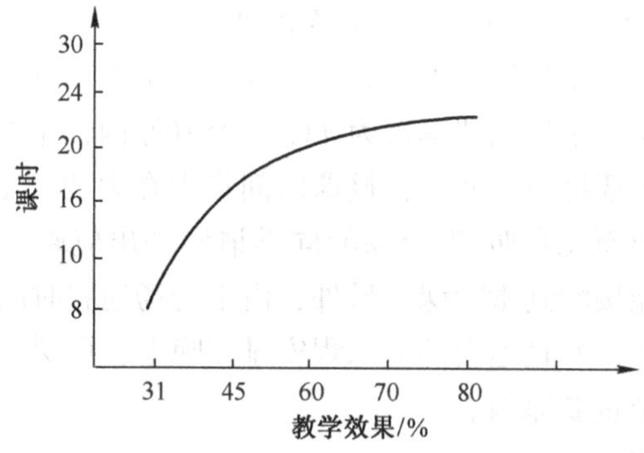

图 4-1　高校就业指导课程课时量与教学效果评价之间的关系

图 4-1 中教学效果主要是以授课效果为基数，以敬业精神、授课内容充实程度以及互动程度为补充进行修正，根据教师的教学效果取值与对应的该教师学时要求取值描点，经过平滑处理得到图 4-1 所示的曲线。从教师的教学效果来看，

其差异较大。其实从学生对该课程的喜欢程度、受益程度等多方面都能反映出教师自身能力和知识对课程建设本身的影响，笔者在分析了多方面因素的影响后，发现教学效果与课时增减要求对应较为规则，也能真实反映师资水平与教学效果的关系。同时，也是对授课时间要求的直观反映。调查发现，该校情况和笔者对湖北省总体判断基本一致，教师教学水平参差不齐，整支队伍建设有待加强，教师队伍结构有待进一步改进，教学方法还须进一步完善。教师队伍是就业指导课程建设的瓶颈，这将关系到该课程地位和作用的决定因素。就业指导课程是一门实践性、实用性、参与性很强的课程，在课堂组织上有别于基础教学和专业教学，对方式方法创新和课堂的互动性提出了更高的要求。因此，教师不仅要有广博的理论知识，还应具备丰富的信息经验和实践经验，否则教学就会仅停留在口头说教上，很难达到理想的效果。

4.3.2 高校职业规划与就业指导教育的经验借鉴

通过了解华东地区和西北地区两所高校的职业规划与就业指导教育的成功做法，除了课程教育，就业指导服务辅导方面的做法也值得借鉴。

1. 精心设计全程伴随的职业生涯发展与就业指导教育服务体系

具体做法有强化重点群体就业指导帮扶，推出贴近学生的品牌读物、品牌活动；针对少数民族毕业生也是大学生等重点群体开展讲座、辅导等活动；与上海市委宣传部、中国教育电视台等合作，举办《东方讲坛》就业指导；定期开展专题讲座、《职来职往》求职选秀节目；每年编印发放《我的生涯探索手册》《毕业生求职行动手册》等 1 万余本；举办校级职业规划大赛、简历暨模拟求职大赛，并且连续 4 年承办上海市级职业规划/模拟求职大赛，获得上级和兄弟高校师生的广泛好评。

2. 积极推进就业引导教育工程

通过积极推行《就业引导工程实施方案（2016—2020）》，教育引导学生牢牢树立“四个正确认识”。划拨专项经费，下大气力鼓励引导毕业生面向基层、重点地区、重点行业领域和重点单位就业。发布《就业引导工程宣传手册》《致毕业生的倡议书》，举办就业引导工程毕业生座谈会、基层校友母校行等活动。扎实推动国家和地方项目就业，开展政策宣讲、考前辅导等配套服务。暑假组织校院两级多支师生队伍密集走访外省市企业，开拓就业市场。

3. 不断创新工作思路方法，满足学生生涯发展多元化需求

具体做法有引进企业优质资源，吸收同类高校先进做法，以学生个性化生涯发展多元需求为出发点，开展一系列新的工作探索。开设“职涯领航”项目，聘请企业高级管理人员担任学生生涯发展导师，举办项目启动仪式暨师生见面

会，跟踪后续进展。打造就业创业直播平台：开设精品线上课程、职业测评、直播讲堂、企业线上宣讲、“学长说就业”等栏目，增强针对性和互动性。并且，进行微信手机端二次开发，支持网上报名招聘活动，实时了解大学生意向偏好。

4. 构建全面就业辅导教育体系

着力打造包括生涯规划助力、职业能力提升、教师团队职业辅导提升、就业帮扶朋辈互助的全面就业辅导教育体系。

4.3.3 高校职业规划与就业指导教育的优化措施

1. 进行合理的组织架构、制度设计，构建科学合理的职业规划与就业指导课程体系

根据提升毕业生就业竞争力的总体思路，针对不同年级的学生，开设不同课程，构建“职业生涯规划”和“就业指导”等课程教学体系，并围绕教学体系需要进行教研室的组织架构和制度设计等，为职业规划与就业指导教育合理贯穿大学教育全过程提供组织保障。依据显性课程和隐性课程特征[84]、成人学习法则，创新教学思路，制定融合显性课程和隐性课程特征的教学大纲、社团活动计划以及主题活动等，将课堂教学的理论知识向社团活动、教学实习、主题活动、职业规划大赛、商业计划大赛中进行渗透、拓展和深化。

2. 完善教学文件

对于一门课程，教材建设必不可少。但由于就业指导课程的特殊性，很难有一本全面、长期、稳定、适用的教材，因此，教材选用、讲义编写十分重要，教师要通过文件学习、信息收集、广泛阅读、大量查阅，系统有序地确定教学内容，编写适用的教学大纲，规范的讲义或学习指南、制订完整的授课计划和详尽的教案，制作生动直观、实用性强、信息量大的课件，科学合理地安排教学过程。建立信息库、案例库，为不断更新教学内容奠定基础、创造条件。在遵循课程体系和课堂教学规律的前提下，引入资料分析法、参观讨论法、案例剖析法、场景模拟法等活动，形式新颖、灵活多样地开展教学，有效激发学生的学习热情、主动性和参与性，提高教学效果。在调查中发现，教学效果与课堂的互动程度密切相关，学生对一些采取了场景模拟、讨论互动、案例分析等教学方法的教师的教学效果评价很高。必须充分发挥“两课”、专业课、入学教育、各种讲座、毕业教育等对学生就业指导的作用，将就业指导的有关内容融入其他教学活动之中。除此之外，网络教学、专题讲座、成功校友报告会等多种形式的活动也是就业指导的一个很好的补充。

3. 丰富和完善就业指导内容，实现职业规划与就业指导教育的全程化

丰富和完善就业指导内容，积极向职业生涯规划教育转化，最终实现职业规

划与就业指导教育的全程化。从大一到毕业，大学生的心理和生理都处于连续变化的过程之中，完善的就业指导应遵循其身心发展特点和规律，分段实施，持续进行。例如，在大一时进行大学生就业形势指导、职业生涯规划指导、大学生应具备的能力和素质指导，帮助大学生认清毕业生将要面临的就业压力，就业是自己的事，就业过程中最具核心竞争力是自己的能力和素质；通过测评系统的应用和分析，帮助学生进行职业生涯规划的辅导，开展职业生涯规划，培养职业能力和职业素养。在大二时进行择业观念的教育，帮助学生树立大众化的择业观念和人人可以成长的人才多元化观念，培养良好的就业心理素质，让他们敢于直面现实，以良好的心态迎接人才市场的挑选与竞争。在大三时进行求职技巧的指导与训练，帮助大学生掌握正确的技巧与方法，加强法治观念，树立诚信就业的思想。在大四时注重就业政策的学习，就业形势的分析，就业信息的收集，求职准备、自主创业知识储备等具体问题的指导和训练，以及接受个性化的指导与训练。职业规划与就业指导教育应该根据每个年级不同的情况，适时调整教学内容，合理分配学时，并设立相应学分。据笔者了解，某高校在毕业生中全面展开就业指导教学的同时，还在积极地进行就业指导全程化的试点工作，面向全校开设“职业生涯规划”和“创业指导”公选课。

4. 构建测评咨询规范和个性化指导体系

（1）选择测评的有效工具，制定咨询规范。由于心理测量学在国内起步较晚，测评工具绝大部分是从国外引进的，选择一套常模符合大学生群体要求，有较高信度和效度的测评工具是做好咨询与开设职业生涯规划的前提和基础。做好测评必须有配套的咨询，否则测评容易引起误导。咨询指导教师应秉持的指导原则和应遵守的职业道德为：不得根据个人喜好将自己认为是正确的观点强加给学生，教师具有测评和咨询的建议权，但不具有决定权；以尊重、关注、平等、客观、真诚的态度对待学生；尊重来访者的隐私；在解释类型特征时，应使用积极的或非判断性的词语来描述；测评报告反映的是个体的倾向，而不是能力、智力或成功的可能性；向学生介绍和解释报告时，应注意不要声明或暗示职业测评能解释一切；遵守客观的原则，注意不要对任何类型得分做出超出已有数据之外的推论；不应使用那些信度和效度还没有得到证实的测评软件。

（2）构建有效的个性化指导服务体系。随着高校毕业生人数的急骤增加，社会需要的多元化、教育的多元化，毕业生的选择也出现了多元化的趋势，毕业生个性化指导需求日益增加。职业咨询师帮助上门求助的学生分析就业方向和兴趣、设计就业策略、寻找见习场所及就业单位，甚至逐字逐句地指导学生撰写高质量的简历。

5. 加强师资队伍建设，确立有效的考评机制和考核方式

（1）提高就业指导队伍的素质。大学就业指导教师扮演的角色不仅是知识

的传播者、团队的领导者，还是心理辅导员、职业生涯规划指导师、职业介绍者、劳动力市场信息员等。大学生就业指导工作开展的效果，关键在于指导教师的师资队伍建设的好坏。面对大学就业指导教师所肩负的多重任务，制订严密科学的轮训计划，不断提高就业指导教师队伍素质就显得尤为重要。

(2) 搭建沟通交流的平台，稳定教师队伍。成立教研室可以指导和协调教学工作，并为教师之间相互交流学习提供平台和空间。笔者在调查中发现，教师队伍的高流动性是影响教学效果的一个最主要因素，成立教研室有利于团队建设，有利于骨干教师队伍的稳定，通过每届优胜劣汰的聘任过程和教研室的规划与管理，最终形成一支相对固定的高素质的就业指导教师队伍。

(3) 确立有效的考评机制和考核方式。考核是检验教学效果的尺子，严格考核制度，提高教学时效性是必不可少的工作。成立专门的教研室，每年除按统一的标准和要求进行常规考核外，还应定期或不定期地对就业指导课课堂进行随机抽查，并将调查结果和毕业生的意见与建议反馈给教师，促进教师改进教学效果。

职业规划与就业指导教育是一门集社会学、教育学、心理学、人力资源管理、信息学等专业知识相结合的综合性学科，而且由于在国内起步较晚，更需要一批有责任心、有热情、有专门知识和实践经验的高素质教师针对就业指导存在的问题，认真扎实地开展教学研究及实践活动。正是基于这种责任感和使命感，笔者同几位志同道合者满怀激情地进行了一些研究和摸索，希望建立一套灵活有效的机制，保证教学内容和形式与时俱进、不断创新。

4.4 大学生择业优化

目前，毕业生就业市场供需矛盾十分突出，就业的总体形势十分严峻，就业压力日益加大。不少高校就业指导教师做毕业生工作时，常把“先就业，再择业”这句话挂在嘴边，并以此引导大学生就业观的转变。一时间，“先就业，再择业”成为众多高校的流行词。殊不知，这种方式乍看上去好像有针对性，然而细加分析，“权宜之计”背后却透射出不少隐忧。

4.4.1 “先就业，再择业”观点的利弊分析

面对毕业生就业形势异常严峻和国家对一次性到位率的严格要求，众多高校将毕业生就业率作为一项硬性指标向下层层落实。教育毕业生“先就业，再择业”不失为提高毕业生一次性到位率的有效办法，一时间“先就业，再择业”在各高校就业指导中大行其道[85-86]，其效用和影响都被推到了极致。

“先就业，再择业”，俗称“骑驴找马”，是指一方面占着现在的位置；一方面另找更称心的工作。据统计，2018 届大学毕业生半年内的离职率为 33%，其中，2018 届本科毕业生和高职高专毕业生毕业半年内的离职率分别为 23%、42%；在本科学科门类中，2018 届艺术学毕业生半年内的离职率最高（31%）；在高职高专专业大类中，2018 届艺术设计传媒大类毕业生半年内的离职率最高（53%）；在本科主要专业中，表演（41%）、戏剧影视文学（40%）、动画（38%）等专业的 2018 届毕业生离职率较高；在高职高专主要专业中，室内设计技术（61%）、金融与证券（58%）、图形图像制作（58%）、营销与策划（58%）的 2018 届毕业生离职率较高；2018 届大学毕业生中，98%的本科毕业生和 99%的高职高专毕业生发生过主动离职①。大部分应届毕业生在工作一段时间后很快便流失了，以至于一些企业把录用应届毕业生当成一场赌博。无独有偶，据国家劳动和社会保障部劳动科学研究所、北森测评网与新浪网策划的“第一次就业调查”结果显示，半数人第一次选择工作时是盲目的，有 33.2%的人是“先就业，再择业”，而 16.3%的人是“没有太多考虑”就跟着感觉走选择了第一份工作。

从职业发展的角度来看，正确的职业选择应该根据自己的兴趣爱好和未来发展来决定，据调查只有 11.1%的人根据兴趣爱好进行选择、6.4%的人根据未来发展进行选择，也许正因为如此盲目，才难以找到适合自己、有长期发展空间的岗位，调查统计发现大学生就业后的一年内流失率高达 50%，两年内的流失率接近 3/4，这实在是一个惊人的数字，同时，这一结果导致越来越多的用人单位不敢录用刚毕业的大学生。他们抱怨说，毕业生随意违约，频频跳槽，有的干脆不辞而别，这实际上是一种缺乏诚信的表现，往往给招聘企业造成损失。为什么会有如此难以让人接受的事实呢？仔细分析其原因固然十分复杂，但高校就业指导工作中“先就业，再择业”教育无疑起到了主导作用，或者至少起到了推波助澜的作用，现在已经有不少专家学者对这些观点进行反思[87]，本书对这个观点进行进一步的深入分析。

1. 对毕业生择业观的影响

择业观是择业主体对选择某种社会职业的认知、评价、态度、方法和心理倾向等，它既是择业者职业理想的直接体现，也是择业者世界观、人生观、价值观的最直观的表达。择业观属于择业过程中的心理层面，社会的需要程度、职业地位、经济收入、地理环境、单位性质、工作条件等都是择业者选择职业时要考虑的。择业者的择业行为主要是受其择业观支配的[88]。

① 源自：麦可思《2019 年中国大学生就业报告》。

大学生择业观的形成是一个长期、复杂的过程，是大学生在读书学习、社会实践、接受教育等活动中逐渐形成并成熟起来的。大学生择业观的形成和发展，与时代的变化紧密相连，从计划经济体制向市场经济体制转型过程中所带来的冲突、矛盾、不适应和负面影响是大学生择业观偏失方向的社会原因。随着市场经济体制的建立，我国社会经济转型加速，市场在资源配置中发挥的基础和主导作用越来越成为市场经济过程的核心，市场主体利益发生重大变化，以公有制和其他多种经济成分及分配方式并存的客观现实，引起了大学生价值观的变化，包括择业观的变化，使大学生择业观形成多元化、务实化趋势。但同时，社会主义市场尚处于发展成长的初级阶段。发展过程中滋生的庸俗实用主义、个人主义、享乐主义等消极负面因素影响和侵蚀着相对单纯的青年大学生，具体表现在择业问题上过分讲实惠，崇尚个人发展，忽视社会发展，注重个人价值，淡漠社会选择和社会价值的行为选择取向。部分大学生往往不能正确处理国家、集体、个人之间的利益关系，存在着“只讲实惠，盲目择业”的态势，大学生择业功利化日益突出。

随着自我意识由模糊到清晰、由片面到成熟、由低层次进入更高层次，大学生的择业观也要经历由片面到全面、由肤浅到深刻的发展过程。当大学生的自我意识尚处于低级阶段时，人生观、价值观没有完全确立，这时的择业观只是根据自己的愿望、他人的喜好来选择自己将要从事的职业。但对职业选择的目的、意义、价值、动机，以什么为原则，实现自己的职业理想需要什么样的条件等，则考虑甚少乃至不予考虑。大学生由于参与社会实践活动少，对择业的认知是极为片面、简单、肤浅的。同时，由于生活经验欠缺、不成熟，不能恰如其分地评价、观察自己，职业选择上更多地依赖教师和家长。如果就业指导课教师用怀有很强功利性目的的“先就业，再择业”观去教育大学生，那么其导向作用以及产生的危害将是十分巨大的。一名大学生从幼儿园到小学、中学、大学，经历了十几年的思想政治教育努力，着重培养他们的世界观、人生观、价值观，择业观是他们最终落脚的一个重要方面。如果教师开展就业指导教育时抱有急功近利的思想，对正处于人生十字路口的毕业生人生观、职业价值取向的影响将是十分巨大的，从而造成深深的危害。

2. 对毕业生个人发展产生不利的影响

假如学生带着盲目性、功利性和短期打算走上社会，其主观能动性将难以发挥。不负责任的行为必将产生不负责任的后果，其危害之大可想而知。第一，“先就业，再择业”不利于大学生的成熟和成长。在大学生对社会、行业缺乏了解的情况下，特别是有的学生初次求职碰壁后，急躁情绪正在增长，这时做毕业生工作的教师对他们说“先就业，再择业”，则更容易使他们沮丧和不认真对待首次择业。第二，用发展的眼光看，“先就业，再择业”容易滋长自负心理，令用人单位普遍生厌。当大学生带着盲目性和短期打算走上社会，在临时“婆家”难以安心工作，漫不经心，那么，临时“婆家”怎么会器重大学生呢？实践表明，如果大学生做不好现在的职位，那么大学生拿什么证明自己能够做好更高的职位呢？说不定，不等大学生跳槽，临时“婆家”就已经动了“炒”的念头。一个大学生刚走上社会，得不到用人单位的垂青，这山望着那山高，看这个单位不顺眼，瞧那个单位也不如意，导致与不少适合自己发展的用人单位失之交臂。有自负心理的大学毕业生，很容易在瞬息万变的竞争中迷失方向，在挑三拣四中错过好的就业机会。这样下来，很难再“打一枪换一个地方”，到头来没有单位愿意用大学生。此外，仓促就业造成的专业不对口往往带来人才浪费，对社会也是损失。

3. 对高校就业推荐工作产生不利影响

近几年来，各高校对毕业生就业工作都十分重视，纷纷把毕业生就业工作作为“一把手”工程来抓，花大量的财力和人力去建设校内有形、无形的人才市场与就业基地。由于毕业生人数急骤增加，毕业生就业市场的买方市场特征日益凸显，用人单位对人才的要求越来越挑剔。为了提高就业率，不断地强化毕业生“先就业，再择业”意识，那么毕业生将会怀着盲目性和短期性心态去就业，把就业单位作为一块跳板，接受一些培训和积累一些经验后，就向单位请辞，有的甚至不辞而别。用人单位面对这些匆匆过客，无可奈何只能是迁怒于毕业生毕业学校，对该高校进行封杀，高校很快便失去了就业基地。其急功近利的教育，助长了毕业生的短视行为，必然陷入用人单位不敢接收毕业生，毕业生就业进一步困难的恶性循环。

4.4.2　大学生择业观的引导和优化措施

近几年来，我国高等教育取得了长足发展，用几年时间做了发达国家几十年乃至百余年的事情，把我国高等教育由“精英教育”推到了“大众化教育”阶段，一时间就业难等诸多问题就出现了。难道步入“大众化”后，我国人才就过剩了吗？如果进行一下横向比较，将不难看出我国高校毕业生不是多了而是不足。那为什么会出现就业难呢？结构性矛盾和摩擦性矛盾等已为大家所公认与接受。笔者认为要解决摩擦性矛盾引发的就业难题，就要从就业指导角度来说，在择业观教育和职业生涯规划上做文章。

1. 加强毕业生科学的择业观教育

当前，大学生的择业观正处于一个新旧交替的转折时期，旧的择业观面临崩溃，新的、成熟的择业观尚未真正确立，大学生对择业的评价、选择比以往任何时候都变得复杂和多变，过去对他们择业思想的教育内容和方法面临新的挑战。对于当代大学生择业观的教育，必须结合思想政治教育进一步完善择业观教育的目标，坚持教育的基本原则，构建教育的内容体系，创新教育的主要方法，优化教育环境，追求教育最佳效果。

确立大学生择业观教育的科学目标，是深入有效开展当代大学生择业观教育的基础和前提。依据高等教育的人才培养目标要求和大学生的择业观现状，大学生择业观教育的目标，就是要教育他们树立马克思主义的正确择业观。科学的教育目标具有时代性，当代大学生择业教育的目标从总体上说，是要教育当代大学生正确处理国家需要、社会责任和自我价值之间的关系，以振兴中华、全面建设和谐社会为己任，发扬艰苦创业的精神，以积极的态度迎接大学生就业市场的挑战，在国家需要的前提下选择有利于发挥自身素质优势、有利于发展成才的理想职业。

大学生择业观是大学生对选择职业的根本看法和态度，它指导着大学生人生道路的方向，对个人的成长有着极其重要的意义。笔者认为，加强大学生择业观教育要继续强调坚持其基本原则，正确认知和把握好个人价值与社会价值相统一、享受权利与承担责任相统一、自我理想与社会理想相统一、艰苦创业与正当享受相统一的关系。确立到生产一线、到基层、到祖国最需要的地方去建功立业的择业目标，树立“大众化”的择业观[89]。

2. 将就业指导逐步过渡到职业生涯规划

近几年来，由于毕业生就业出现了困难，毕业生就业指导才提到了议事日程，到目前为止有的学校已开展这方面课程，有的只停留在讲座的层面上。纵观全国的情况，国家十分重视，有的高校也在着手研究，但水平参差不齐，总的来看，停留在实践层面的居多，理论研究较少，只是在大学临近毕业时开展就业指导上居多，从大一到大四贯穿大学教育的全过程的指导很少。

一个人对自己一生的职业规划和设计不是一朝一夕的事情，大学是一个人一生中最为重要的阶段，对人生的规划和设计至关重要。笔者在调查分析的基础上认为，大学生做好职业规划，重要的是从理想趋于理智，从幻想、空想趋于现实。那么作为高校能为学生做些什么呢？就业工作是个系统工程，必须进行全程化、系统化、职业化的培训。按照不同阶段的不同任务对学生实施有针对性的指导，针对低年级学生，重视他们的职业生涯启蒙教育，举办职业生涯培训，进行系统的职业培训。针对高年级学生，着重进行职业定向指导、择业指导、创业指导和就业服务，将几个阶段相互贯通，有机连接，从而形成较为完善的大学生就业指导体系。通过国家、高校、大学生就业市场以及大学毕业生的自我努力，方方面面调整到位，笔者坚信毕业生就业将不再是一个难题。

4.5　基于模糊排序的大学生择业方案选择模型

择业方案选择问题是一个复杂的综合问题，而模糊性总是伴随着复杂性出现，人与计算机相比，一般来说，人脑具有处理模糊信息的能力，善于判断和处理模糊现象。但计算机对模糊现象识别能力较差，为了提高计算机识别模糊现象的能力，就需要把人们常用的模糊语言设计成机器能接收的指令和程序，以便计算机能像人脑那样简洁灵活地做出相应的判断，从而提高自动识别和控制模糊现象的效率。择业方案过程中精确地评估每个方案是一个复杂的问题，常规方法的刚性评估的准确程度受到一定限制，而基本模糊排序的方法能够更好地解决该问题[90-91]，这里提出基于 Blin 模糊排序的大学生择业方案选择模型。

4.5.1　Blin 模糊排序原理

1. 模糊决策排序

在现实生活中，常常会遇到这样的问题，要求我们按照某些特性，对 n 个对象 v_1，v_2，…，v_n进行排序，记 $V=\{v_1, v_2, \cdots, v_n\}$。设排序对象的特性指标集为 $U=\{u_1, u_2, \cdots, u_m\}$。有时也把 U 看成一个专家决策团体。

把按 U 中的特性指标 u_i对 V 中元素排成的线性序记为

$$L_i: v_{i1}v_{i2}\cdots v_{in}(i=1, 2, \cdots, m) \tag{4-1}$$

在排序时遵循以下两个原则：

（1）当 u_i为正指标（指标 u_i值越大的元素，其排序越优先）时，对 V 中元素 v_j按其对应指标 u_i的值，从大到小进行排序。

（2）当 u_i为负指标（指标 u_i值越小的元素，其排序越优先）时，对 V 中元素 v_j按其对应指标 u_i的值，从小到大进行排序。

给出一个线性序 L_i（$i=1, 2, \cdots, m$）相当于给出决策的一个意见，因此对 V 中元素按各特性指标排序，共有 m 个意见。现在要解决的问题是，如何将这 m 个意见集中成一个总意见（V 中元素的总排序）？

2. Blin 方法

（1）求出 V 中各元素的模糊优先矩阵。对于把 V 中元素排成线性序的 m 个意见：

$$L_1, L_2, \cdots, L_m$$

J. M. Blin 给出了一个 V 中的模糊关系 $\boldsymbol{R}$ 为

$$r_{jk}=\boldsymbol{R}(v_j, v_k)=\frac{1}{m}\sum_{i=1}^{m}L_i(v_j, v_k)(j, k=1, 2, \cdots, n) \tag{4-2}$$

式中：

$$L_i: v_{i1}v_{i2}\cdots v_{in}(i=1, 2, \cdots, m) = \begin{cases} 1, & \text{在 } L_i \text{ 中 } v_j \text{ 优先于 } v_k \\ 0.5, & \text{在 } L_i \text{ 中 } v_j \text{ 和 } v_k \text{ 并列} \\ 0, & \text{其他} \end{cases} \quad (4-3)$$

即

$$\boldsymbol{R} = \begin{bmatrix} r_{11} & r_{12} & \cdots & r_{1n} \\ r_{21} & r_{22} & \cdots & r_{2n} \\ \vdots & \vdots & & \vdots \\ r_{n1} & r_{n2} & \cdots & r_{nn} \end{bmatrix} \quad (4-4)$$

这里 r_{ij}满足下列条件：

$$r_{ij} = 0, \ i = j = 1, 2, \cdots, n \quad (4-5)$$

$$r_{jk} + r_{kj} = 1, \ j \neq k, \ j, \ k = 1, 2, \cdots, n \quad (4-6)$$

我们称 $\boldsymbol{R}$ 为模糊优先矩阵。

（2）对 V 中元素总排序。取 $\lambda = 0.5$ 对模糊优先矩阵 $\boldsymbol{R}$ 进行截割，得截矩阵 $\boldsymbol{R}_{0.5}$。令 M_i 表示 $\boldsymbol{R}_{0.5}$ 第 i 行中元素为 1 的个数，并按 M_i（$i=1, 2, \cdots, m$）的大小对 V 中元素进行排序。

4.5.2 基于 Blin 模糊排序的大学生择业方案选择模型

假设某大学生有 5 个就业方案，利用 Blin 模糊决策排序法，按整体方案的优劣对各方案进行排序（表 4-2）。

表 4-2 大学生 5 个就业方案比较

指标名称	方案 1（v_1）读研	方案 2（v_2）事业单位 1	方案 3（v_3）事业单位 2	方案 4（v_4）企业 1	方案 5（v_5）企业 2	权值
指标 1：近三年年均收入/元	5 000	50 000	45 000	60 000	55 000	0.25
指标 2：未来工作居住地满意程度/%	95	80	90	60	75	0.20
指标 3：三年后预期收入/元	100 000	70 000	80 000	60 000	65 000	0.20
指标 4：未来工作稳定程度/%	95	85	90	50	60	0.10
指标 5：未来工作发展空间可能性/%	90	70	75	50	60	0.25

解：（1）设 V 为方案的集合，即

$V = \{$方案 1（读研），方案 2（事业单位 1），方案 3（事业单位 2），

方案 4（企业 1），方案 5（企业 2）｝

$$= \{v_1, v_2, v_3, v_4, v_5\} \tag{4-7}$$

由表 4-2 可知，各指标的权向量为

$$\begin{aligned} \boldsymbol{A} &= (0.25, 0.20, 0.20, 0.10, 0.25) \\ &= (a_1, a_2, a_3, a_4, a_5) \end{aligned} \tag{4-8}$$

按表 4-2 所给 U 中各单一指标对 V 中元素排序的结果为

L_1(指标 1：近三年年均收入是正指标)：　$v_4v_5\ v_2\ v_3\ v_1$

L_2(指标 2：未来工作居住地满意程度是正指标)：　$v_1v_3v_2v_5v_4$

L_3(指标 3：三年后预期收入是正指标)：　$v_1v_3v_2v_5v_4$

L_4(指标 4：未来工作稳定程度是正指标)：　$v_1v_3v_2v_5v_4$

L_5(指标 5：未来工作发展空间可能性是正指标)：　$v_1v_3v_2v_5v_4$

（2）采用 Blin 方法进行意见集中。

$$\begin{aligned} r_{12} &= \sum_{i=1}^{5} a_i L_i(v_1, v_2) \\ &= 0.25 \times 0 + 0.20 \times 1 + 0.20 \times 1 + 0.10 \times 1 + 0.25 \times 1 = 0.75 \end{aligned} \tag{4-9}$$

根据式（4-9）可得：

$$r_{13} = 0.25 \times 0 + 0.20 \times 1 + 0.20 \times 1 + 0.10 \times 1 + 0.25 \times 1 = 0.75$$

$$r_{14} = 0.25 \times 0 + 0.20 \times 1 + 0.20 \times 1 + 0.10 \times 1 + 0.25 \times 1 = 0.75$$

$$r_{15} = 0.25 \times 0 + 0.20 \times 1 + 0.20 \times 1 + 0.10 \times 1 + 0.25 \times 1 = 0.75$$

$$r_{23} = 0.25 \times 0 + 0.20 \times 1 + 0.20 \times 1 + 0.10 \times 1 + 0.25 \times 1 = 0.75$$

同理可得：$r_{24} = r_{25} = r_{34} = r_{35} = 0.75$，$r_{45} = 0.25$，并注意到

$$r_{kj} = 1 - r_{jk},\ j \neq k,\ j, k = 1, 2, \cdots, 5 \tag{4-10}$$

即可得赋权模糊优先矩阵为

$$\boldsymbol{R} = \begin{pmatrix} 0 & 0.75 & 0.75 & 0.75 & 0.75 \\ 0.25 & 0 & 0.25 & 0.75 & 0.75 \\ 0.25 & 0.75 & 0 & 0.75 & 0.75 \\ 0.25 & 0.25 & 0.25 & 0 & 0.25 \\ 0.25 & 0.25 & 0.25 & 0.75 & 0 \end{pmatrix} \tag{4-11}$$

取 $\lambda = 0.5$ 截割 $\boldsymbol{R}$，得

$$R_{0.5}=\begin{pmatrix}0&1&1&1&1\\0&0&0&1&1\\0&1&0&1&1\\0&0&0&0&0\\0&0&0&1&0\end{pmatrix} \tag{4-12}$$

在 $\boldsymbol{R}_{0.5}$ 中，第一行元素为 1 的个数 $M_1=4$，而第二、三、四、五行元素为 1 的个数分别为 $M_2=2$，$M_3=3$，$M_4=0$，$M_5=1$。

于是按 M_1，M_2，M_3，M_4，M_5 的数值大小可以对 V 中各方案 $v_j(j=1,2,\cdots,5)$ 排出线性序为

$$L: v_1v_3v_2v_5v_4$$

即方案 1 最佳，方案 3 次之，继后是方案 2、方案 5，最差是方案 4。

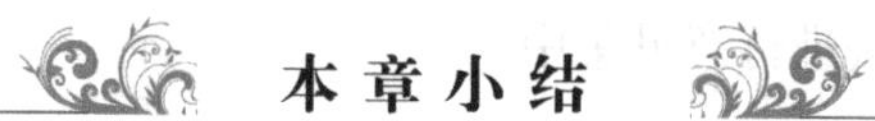

本章小结

本章主要就目前高校大学生职业素质培养优化问题进行了深入分析和讨论。首先，从大学生职业素质和职业规划进行分析和讨论。其次，就高校就业指导在大学生职业素质培养优化过程中的问题进行讨论，主要从高校就业指导课程存在的问题进行分析，并基于已有的成功经验借鉴提出相关的参考解决意见。最后，对大学生择业优化进行分析，对流行的“先就业，再择业”的观点进行深入分析，并对其利弊进行深入讨论，并提出 Blin 模糊排序选择方案，为大学生择业决策提供了可供借鉴的参考模型。

第5章 大学生就业市场服务渠道优化

高校毕业生就业信息化建设滞后，就业信息不对称，大学生求职成本过高，就业市场诚信体系缺失等，是目前大学生就业市场服务渠道建设存在的主要问题。就业成本是制约就业服务渠道选择的核心要素，而诚信体系缺失是导致就业成本居高不下的最主要原因。本章主要就大学生就业市场服务渠道选择与成本优化问题进行了分析和讨论。

5.1 大学生就业市场服务渠道概述

5.1.1 大学生就业的主要渠道

大学生就业形式与其就业所利用的渠道是息息相关的，不同的就业形式利用的就业渠道不同，不同的就业渠道也为不同的就业形式所服务，所以在分析大学生就业渠道的相关问题前必须了解当前大学生就业形式和学生毕业后的基本去向。通过实际工作和调查研究，大致可以将当前大学生的毕业去向分为两大类[92]：一是直接进入就业市场的就业类；二是间接进入就业市场的非就业类。

1. 直接进入就业市场

直接进入就业市场是指大学生在毕业之后不经过任何中间环节直接投入社会生产经营活动的工作岗位从事某种职业。这是绝大多数大学生毕业后的出路和去向。在直接就业的类型中，按照人事档案关系与毕业生工作岗位的关系划分，大学生就业形式大致又可以分为以下6种：

（1）签约就业。是指毕业生通过学校与用人单位签订《就业协议书》，在毕业前由就业主管部门发放“普通高等学校毕业生就业报到证”。毕业生毕业后持报到证到用人单位报到。毕业生户口、档案关系发往用人单位或用人单位上级主管部门的就业形式。

（2）按招生协议就业。主要是指定向、委培学生就业时要根据招生协议回定向单位、委培单位就业。其户口、档案关系毕业时转入定向单位、委培单位。

（3）灵活就业。包括自主创业和自由职业。自主创业是指毕业生创立企业

（包括参与创立企业），成为新企业的所有者、管理者。包括个体经营和合作经营两种类型。这种自主创业的就业形式是随着我国社会主义市场经济发展而产生的全新就业形式，是我国民营经济发展的重要基础，也是有利于发挥毕业生创造性和开拓精神的就业形式。自由职业是指以个体劳动为主的一类职业，如作家、自由撰稿人、翻译工作者、中介服务工作者、某些艺术工作者等。灵活就业毕业生的户口、档案关系一般迁回原籍或放在人才服务机构代管。

（4）项目就业。主要是指参加国家项目、地方项目就业。目前，主要有团中央的大学生志愿服务西部计划和组织部门的选调生工程。这部分毕业生的户口、档案等人事关系依本人意愿或留存毕业学校或迁往服务地或迁回原籍。

（5）出国出境就业。随着经济全球化进程的不断加深，我国对外交流的不断扩大，中国企业在境外、国外开办企业的数量也在增加。而且随着经济全球化趋势的发展，人才也趋于国际化，大学生出国出境就业的机会也日益增多。这些毕业生的户口、档案等人事关系或迁回原籍或保存在人才服务机构。

（6）隐性就业。通俗地讲，就是平时人们常说的“打工”，主要是指毕业生就业时未与用人单位签订劳动合同，不涉及户口、档案、人事关系等，是不在学校就业指导部门或人才服务机构备案的劳动就业关系。这类毕业生工作相对不稳定，劳动保障也不到位。

2. 间接进入就业市场

间接进入就业市场，顾名思义是指大学生毕业后不直接参与社会劳动分工，继续谋求学习深造、出国或其他发展机会，当然其中也包括“NEET”现象。

（1）继续深造，成为更高层次就业人员的后备力量。当前，专升本、考研、出国和出境留学深造已经成为很多大学毕业生毕业后选择的出路之一。学生在毕业后选择这一出路，一方面是受人力资源市场需求的影响；另一方面也成为部分学生回避激烈的就业竞争的办法。由于专升本、考研、出国和出境留学深造的毕业生在完成学业取得更高层次的学历后，仍要进入就业市场。所以这里归类为间接进入就业市场。

（2）暂不就业，成为社会待业人员。受学生个人素质、成长环境、择业观、专业方向、市场需求等因素的影响，部分毕业生在大学毕业后不能就业，成为社会待业人员。还有一部分大学生成为尼特族（NEET，毕业生后既不深造也不就业）。

高校毕业生就业问题涉及政府、高校、用人单位、毕业生等多个行为主体。这四个主体中用人单位和毕业生是就业的直接双方，政府和高校是为这双方服务的。从毕业生求职渠道来看，毕业生调研数据显示（图 5-1），求职的主要渠道是招聘网站（47.6%）、线下应聘（40.3%）、教师推荐或分享的招聘信息（35.4%）和搜寻意向公司的微信公众号、微博、官方网站等（34.0%）。这些

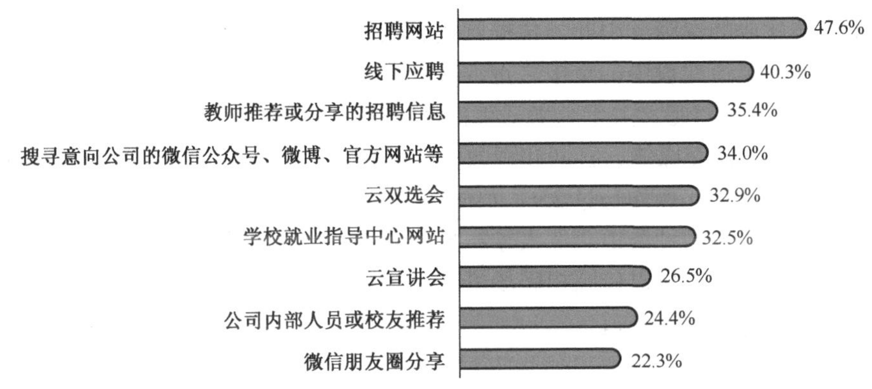

图 5-1　毕业生求职的主要渠道

渠道可以概括为招聘会、网络、社会关系等。为此，从狭义就业渠道，就是建立在毕业生与用人单位之间的桥梁，归纳总结为以下几种方式。

1）政府举办的各级各类招聘会。为帮助毕业生落实就业，各省（自治区、直辖市）教育主管部门每年都针对性地举办应届毕业生就业双选会。此类招聘会大多需要租借场地，因此，招聘会对用人单位和毕业生都要收取费用。这类招聘会的优点是声势大，用人单位数量多，提供的需求岗位多，毕业生选择的机会多。不足是参会人数多存在安全隐患且办会需要投入大量的人力和物力。前些年，这类大型招聘会一度成为大学生落实就业单位的主渠道。近几年，随着毕业生人数的增加，这类招聘会已逐步被分化为中小型的行业招聘会，但广大毕业生的关注程度不减。

2）人才中介机构举办的各类招聘会。各级人才中介机构举办的各种人才交流招聘会是大学生就业渠道的补充。这类招聘会不仅针对应届毕业生，入场应聘人员比较复杂。用人单位要求有一定社会经验的岗位较多，毕业生进入此类招聘会成功率较低，但能使毕业生了解就业形势和供需状况，同时让毕业生认识到自己的不足，对毕业生成功求职择业有一定帮助。

3）高校举办的校园招聘会。校园招聘会分为校园双选会和用人单位专场招聘会。校园双选会一般在每年 11 月 20 日到次年 4 月底举办，规模比较大、参会单位多、提供岗位多，各高校根据本校专业设置和生源情况向相关企业发出邀请。企业根据需求计划有选择地参加校园招聘会；平时（在 11 月至次年 6 月）学校还邀请企业到学校或根据企业的要求在校园内举办一些中小型的招聘会。在这些招聘活动中学校起到牵线搭桥的作用，顺应大学生就业市场的形势。多数学校都免费为用人单位和学生提供服务。这些招聘活动针对性强、成功率高，对促进大学生充分就业作用显著，深受用人单位和毕业生的好评，在某种程度上成为大学生成功就业的保障。因此，各校就业职能部门对这一渠道都极为重视，是高校毕业生就业渠道建设中的重中之重。

4）网络求职招聘。关于未来三年校园招聘在人才获取上的主流渠道调查中，受访企业 HR 在社交媒体、官网和官微的招聘页面、校园内的线下渠道、空中宣讲等各项上的选择比例均超过 35%（图 5-2）。这一方面反映了各企业的校园招聘团队不止依靠一两种渠道获取人才；另一方面，由于社交媒体已成为年轻人获取信息的主要来源，所以校园招聘场景下，社交媒体、官网和官微的招聘页面等新媒体平台将成为主流渠道。

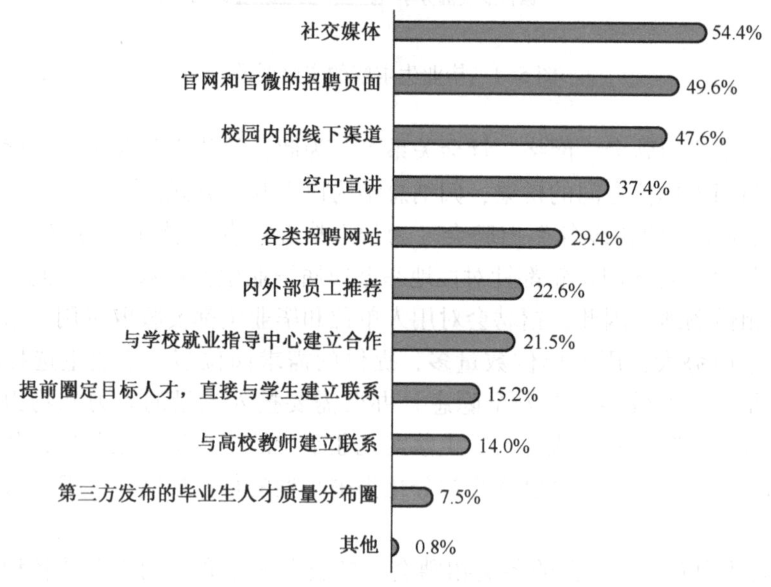

图 5-2　未来三年校园招聘人才获取的主要渠道

从毕业生投递简历的渠道来看，招聘网站是主要渠道，互联网技术的广泛普及提高了求职供需的匹配效率。如图 5-3 所示，有约 84. 0%的毕业生通过招聘网站投递简历；通过招聘会投递简历的毕业生也相对较多，所占比例为 52. 1%；还有 38. 0%的毕业生通过企业官网，34. 5%的毕业生通过宣讲会来投递简历。此外，通过 HR 邮箱、内部推荐等渠道投递简历的比例相对较少，分别为 25. 7%和 11. 2%。

现今，无论是找工作的大学生还是招员工的企业，似乎都更愿意利用网络实现就业和招聘。零点研究咨询集团董事长袁岳指出：五六年以前企业招聘还是以招聘会为主，现在转为网络为主，一方面是因为网络成本相对要低很多，虽然看

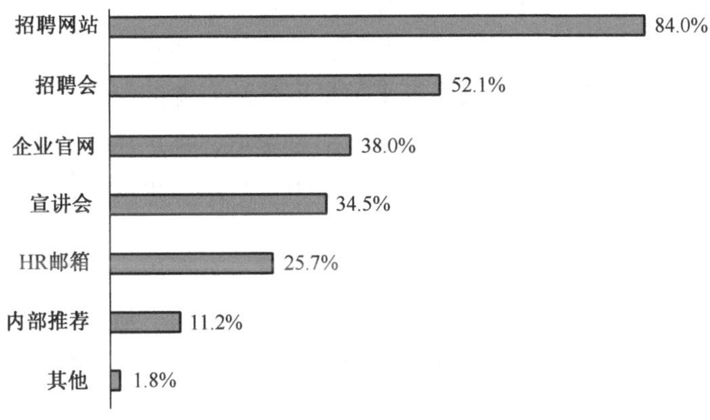

图5-3 毕业生投递简历的渠道

起来招聘会是可以面对面，但是网络具有招聘会无法比拟的最大优点就是企业在网络上可以提出非常多的要求，如可以要求求职者提供多媒体的资料，求职者可以很快地提供，根本不需要在现场再见面，这样就可以更好地过滤求职者。另一方面，网络最重要的是它可以渗透很多方面，不受特定时间的限制，这一点比招聘会强很多。

随着现代信息技术的发展，充分利用信息化手段，全国各级各类人才信息网纷纷举办网络招聘会，各高校也纷纷着手建立健全自己学校的就业网站，将毕业生生源信息和用人单位需求信息以及各种招聘活动信息发布于各自的就业网站。这种求职方式更为方便、快捷，也大大降低了应聘双方的成本。尤其在新冠肺炎疫情期间，网上求职、远程面试的优越性得到了充分体现，受到毕业生和广大用人单位的青睐。为了保障疫情防控、确保就业局势稳定，全国各地人力资源社会保障部门重点将求职招聘、专项服务活动、失业登记等公共就业创业服务事项由线下转向线上，开展多项援企稳岗工作，同时针对疫情之下毕业生的就业问题发布了各项鼓励企业吸纳高校毕业生、开展网络招聘会的相关政策。疫情加快了企业招聘业务线上化，尤其是校园招聘线上化的进程。各行各业的企业都开始积极尝试校园招聘空中宣讲会、视频面试、AI面试等方式。此外，伴随线上签约、线上入职办理数量的增多，企业对新员工入职（onboarding）的在线解决方案也愈加关注。毕业生作为各类线上招聘工具和产品的直接感受者，对线上招聘的前景更为看好。

5）毕业生本人社会关系网推荐。调查报告显示，大学生求职者中有24.4%是社会关系推荐的，因为内部推荐的转化率最高。不能把熟人介绍找工作看作纯粹的走后门，国外就业同样存在压力，同样有多种方式的就业渠道，而其中很重要的一种信息渠道就是熟人介绍，熟人包括校友、朋友。校友对自己母校有一种天然热爱的感觉，如果说母校就业率高，作为校友来讲脸上也是很有光彩的，因此他们热衷于相互帮助。实际上，有些理论界也已经注意到了，一个概念，称为社会资本，即通过个人的社会关系带来的摄取稀缺资源的能力，它能够带来大量有用的信息。其实这种社会资本只是一种信息渠道，真正体现这个单位是不是在开后门，在于它的用人制度是不是公平，是不是真正公正地择优录用，而不在于信息是从哪种渠道来的。

除了社会资本很重要，还有一个很重要的概念是信用，一个单位招人时越是重要的岗位，信用就越重要，如果有熟人介绍就是附加了信用。从学生和学校的角度来说，学生在学校里面参与社会活动及各种其他活动，本身就是建立社会关系的一种方式。

毕业生依靠本人社会关系（父母、亲戚、朋友、教师等）推荐就业也是毕业生实现就业的有效渠道。本人社会关系对供求双方都有比较深入的了解，在沟通上有明显的优势，更有情感方面的优势，因此就业成功率很高。尤其校友、专业课教师推荐的毕业生可信度高，岗位针对性强，又节省了去招聘会现场的支出，用人单位和毕业生都受益。目前，这种专业教师项目捆绑推荐毕业生、充分利用校友资源推荐毕业生的渠道正逐步被各高校认可和采纳。

6）学校实训基地。教学实习工作是新时期人才培养目标的迫切要求。新的教育质量观强调培养学生的实践能力、创新精神。强调知识、能力、素质协调发展，教学实习是实现这一目标的重要途径。知识要转化为能力必须通过实践，知识要内化为素质也必须通过实践，培养创新精神更离不开实践。各高校对此有深刻的认知，并根据各自的特点，积极建立各专业的教学实习和社会实践基地。

7）考取国家公务员。国家党政机关录用公务员、财政拨款事业单位新增人员，主要面向应届高校毕业生公开招考，择优录用。这一举措不仅为有志加入公务员队伍的广大毕业生搭建了一个平台，更为毕业生就业开辟了一种新的渠道。近几年，报考国家公务员的纪录不断被刷新，也说明这一渠道已吸引了越来越多高校毕业生的目光。

8）参加“志愿服务西部计划”“三支一扶”“村官”计划等国家基层项目。“志愿服务西部计划”“三支一扶”“村官”计划等国家基层项目是由团中央、人力资源和社会保障部、财政部等部委根据国务院有关要求共同组织实施的。按照公开招募、自愿报名、组织选拔、集中派遣的方式，每年招募一定数量的普通高等院校应届毕业生，以志愿服务的方式到西部贫困县的乡镇从事为期1~3年的教育、卫生、农技、扶贫以及青年中心建设和管理等方面的工作。志愿服务期满后，鼓励其扎根西部就业，也可以自主择业或流动就业。财政部、人力资源和社会保障部对志愿者给予必要的政策资金支持。计划实施以来得到了大学生的认可，虽然每年招募的计划不多，但其影响在加大，成为引导大学生到西部、到基层就业的一面旗帜。

9）参加选调生选拔。一些地方的党委组织部门有计划地选调品学兼优的应届大学毕业生到基层培养锻炼，其目的是培养党政领导干部后备人才，同时为县级以上党政机关充实高素质的工作人员。随着国家鼓励毕业生面向基层就业意见的实施，各地选调生的力度也在不断加大，报名参加选拔的毕业生也越来越多，符合条件的高素质的优秀毕业生逐步选择了这一就业渠道。

10）参加就业见习基地实习。为了提高毕业生的动手能力，促进大学生与企业间的相互适应和了解，为今后尽快实现就业打下基础，国家和有关地方先后出台了大学生就业见习基地措施。这些就业见习基地每年提供一定数量的工作岗位（国家从财政中给予一定的补贴）。有计划地组织高校毕业生在实际岗位上进行一定期限的锻炼实习，以提高毕业生的就业能力，丰富其工作经验，增强其对工作岗位的适应能力，帮助他们尽快实现就业。毕业生实习期满经双向选择后决定录用与否，这种方式将逐步在全国范围内展开，也必将成为一种重要的大学生就业渠道。

11）自主创业。党的十五大向全党全国人民提出了一项深化经济体制改革的重大战略。这就是：在积极促进公有制经济发展的同时，允许和鼓励个体、私营、外资等非公有制经济发展。在这历史性重大突破的推动下，我国的就业机制也在向纵深方向发展，就业的渠道更宽、更广了。许多毕业生不再盯着大机关、大院所、大国有企事业单位，而是把择业目标定得更切实际。他们或应聘"三资"企业、乡镇企业，或加盟民营、私人企业，或到街道任职，或去乡村当"村官"。在众多的就业之路中，有一条引人注目的就业之路正在悄然亮起，它就是"自主创业"之路。大学生自主创业是一种就业观念的改变，他们利用自己的知识、才能和技术以自筹资金、技术入股、寻求合作等方式创立新的就业岗位，即毕业生不作为现有就业岗位的竞争者，而是为自己、为社会更多的人创造就业机会。目前，从中央到地方到各所高校都热情鼓励、支持大学毕业生自主创业，各级政府为大学毕业生创业制定了一系列的优惠政策和扶植政策。各高校为大学生创业也积极创造了各方面的条件，对有条件的大学生来说，能够自主创业是人生中一次难得的机遇。大学生自主创业，已逐步成为带动高校毕业生就业的一种新的渠道。

12）报刊广告招聘。这是近些年来出现的一种借助新闻传播媒介进行自我推销的谋职形式，谋职者在主要报刊上登载求职广告，表明自己的能力，希望感兴趣的雇主与之联系。这种形式覆盖面宽，可以扩大自荐范围。部分长线专业、非通用专业以及一些有特殊专长的毕业生往往乐于采用这种形式谋职。

13）毛遂自荐。这是一种不通过任何媒介的直接的求职方法。美国的一项研究表明，漫无目的地随便把个人简历邮寄给雇主，这种方法成功率最低。但是，直接上门，叩响每个令大学生感兴趣的雇主、工厂或企业的门，无论他们是否有空缺职位，询问他们是否想要雇用一名像大学生这样的职员，问他们是否有大学生能完全胜任的职位，这种方法的成功率将成倍地提高。因此毛遂自荐不仅可以收集很多就业信息，也是一种有效的就业途径。

大学毕业生上门自荐，一种情况是对方单位没有明确的招聘意向，但是如果有合适的人选也可以考虑和录用；而另一种情况是招聘单位有招聘意向，发布过招聘信息。对于这两种情况，大学毕业生应该分清情况，区别对待。对于前一种情况，大学毕业生上门自荐，要把握对方心理，随机应变。毕业生首先要主动介绍自己的来意和基本情况，并且表示愿意进入对方单位的迫切心情，表示自己对对方单位工作的兴趣和爱好。大学毕业生对于没有明确发布招聘信息的单位，主动上门自荐，看似录用可能性较小，实际上不然，正是由于没有发布明确招聘信息，上门应聘者较少，而人才总是需要的，不发招聘信息不等于不需要人才，因此，录用的可能性反而比较大。毕业生进入这些单位自荐，由于单位比较多，工作性质又不同，因此要区分不同情况，做出比较灵活且充分的准备。而对于后一种情况，即发布过招聘信息的单位，由于上门自荐人员比较多，毕业生应聘竞争压力较大，毕业生上门自荐时，在短时间内就必须充分展现自己优秀的专业水平、实践能力和良好的个人素养，以获得用人单位的兴趣和进一步面试的机会。

5.1.2 大学生就业主要渠道的利弊分析

1. 有形市场：招聘会

目前总体来看，招聘会是大学生就业选择的主要渠道，但是政府和社会主办的综合招聘会存在以下一些问题：学生们对社会综合招聘会最大的不满是分类不细，一场招聘会，招博士也招高中生，招厨师还招工程师，这让众多求职者无所适从。有 12 463 人参加的网络调查显示，有 77%的求职者对这类招聘会能够发挥的作用不满意，有 85%的企业同样对这类招聘会能够起到的作用不满意，不满意度比求职者还高。

针对这种情况，人力资源专家（原北京市人才中心主任）韩光耀认为，这种现象应该从两方面理解它，一方面，火爆是因为供方和需方都还是看好这种形式，热衷于参与这种形式，说明这个火爆本身是市场的选择，不是人为安排的。另一方面，招聘会成本比较低，买票就进，没有那么多的限制，比较方便。

招聘会除了这些优点，它确实存在一些缺陷，参会的人和参会的单位事先信息不对称，都很盲目，到了招聘会之后发现大而杂，洽谈的气氛也很差，规模越大，越算不上真正意义上的洽谈。招聘会，最初的意义是招聘洽谈会，洽谈有一个双方的沟通、交流、互相了解的过程，而从调查中显示，现在这个过程越来越不理想，已不能适应毕业生和用人单位的需求。随着毕业生人数逐年增加，现场供需见面会的弊端越来越明显：规模越来越大，组织成本越来越高；场次越来越多，毕业生不断赶场，求职成本越来越高；场内人数越来越多，供需双方见面的效果越来越差；场面越来越拥挤，安全隐患越来越大。

2. 无形市场：网络

相比较而言，由于有网络、专栏分类广告，再加上校园招聘之后，人才已经经过多次选择，剩下的到人才招聘会的求职者的质量就相对较低了，从这个意义上来看，招聘会总体是走衰的，而且交易成功率也在降低。随着网络技术的进一步发展，完全可以通过网络实现面对面招聘，网络视频招聘的未来发展空间会很大，而且它基本能满足招聘一个人才所需要的所有东西。站在公司的角度来说，它是高效便捷的招聘方式，因而利用无形市场的公司会逐渐增多。

虽然网络招聘相比传统的招聘会在招聘方和大学生信息获取、传递、过滤等方面好很多，但是通过网络招聘成功的比例还是不高。据统计，目前 60% 的大学生就业问题是在校园里面解决的。究其原因还是一个招聘方和应聘方的诚信问题，在网络招聘过程中，招聘方的诚信没有一个资格认定机构，而大学生又是一个弱势群体，网上许多骗子会趁机利用大学生求职心切和缺乏社会经验的弱点进行坑蒙拐骗。一些企业利用当前大学生供过于求的形势，推出假招聘，先给出诱人的待遇条件，然后以培训等名义收取费用，再以试用不合格等理由辞退大学生。大学生就业的招聘信息表面看渠道多，但有效的、实用的信息并不多，大学生获取真实有效的信息少，导致就业难，也让很多大学生对网络招聘持怀疑态度。同样地，招聘方对大学生的个人诚信问题、简历问题也很难有资格认证，大学生的诚信问题也没有办法认定，如果双方连基本的诚信问题都难以在网络上解决，那么实际签约的问题还离得比较远。所以网络市场这种无形市场虽然形式简便、快捷，近年来也如火如荼地展开着，然而实际效果还不是很理想。

总的来说，无形市场网络是未来大学生就业市场的发展方向，它能够降低大学生就业成本，其关键就是要解决毕业生和用人单位的诚信问题。

5.2　大学生就业成本优化

20 世纪 90 年代，用人单位和高校毕业生刚刚进行“双向选择”时，通常都是用人单位投入精力与成本，到高校去选聘毕业生。近几年，随着就业形势日益严峻，很多毕业生开始主动走出学校，到用人单位“送货上门”，为自己求职“埋单”，用人单位足不出户就可以网罗天下人才。据统计，每年大学生求职成本、高校就业服务成本、企业招聘成本的总和达到 200 亿元左右，再加上政府为促进大学生就业而进行的各类支出，如网络建设、各类优惠扶持政策等，大学生的就业成本高得惊人。如果能针对大学生就业的制约因素采取有效措施，提高就业服务能力，将会有效降低就业成本，其规模效应必将成倍放大，从而使总的社会成本降低，增进社会福利。

5.2.1 大学生就业成本

在严峻的就业形势下，大学生就业成本不论人均还是总和都呈攀升之势，据统计，全国大学毕业生的人均求职费用为457元。从广义上来说，大学生就业成本主要包括四个方面：学生的求职成本、高校的就业服务成本、企事业单位的招聘成本以及政府的政策成本。

1. 学生的求职成本

学生的求职成本是指学生从开始找工作到工作找寻过程基本结束这段特定时间内，为求职而发生的所有费用之和，主要包括包装成本和搜寻成本。在激烈的人才市场上，毕业生为凸显自己的学识和优势，需要进行全面包装，从而发生的简历制作费、体面的服饰购买费、简历邮寄费等费用，借此希望以千里马之态吸引伯乐们的眼球。此外，毕业生为掌握各种就业信息，如国家就业政策、就业形势和用人单位的招工信息等需要支付各种信息费，如上网费、通信费；毕业生为找工作需要频繁与单位、学校以及父母联系，从而发生的上网费、通信器材费，如通话费等。另外，毕业生为争取实地寻找工作机会，需要频繁参加各类人才交流会，为此发生的交通费、材料费等。

2. 高校的就业服务成本

高校的就业服务成本是指高校为毕业生创造就业条件而发生的费用支出，主要包括运行经费和工作人员的工资福利。按照教育部的标准，就业工作人员与学生的比例为1∶500，那么874万毕业生就需要配备17 480名专职工作，以每名专职就业工作人员年均工资福利3万元计算，该项支出大约是5.24亿元；此外，按照规定，各高校用于毕业生推荐的经费一般不低于学费的1%，那么按照生均160元计算，2020年874万毕业生需要支出的推荐费为13.98亿元。

3. 企事业单位的招聘成本

企事业单位的招聘成本主要是指企业为在更大范围内筛选和猎取人才，进行的各类宣传活动和搜寻活动所发生的费用支出，如投入报纸海报、网络广告、中介机构的报酬以及笔试、面试费、招聘人员的工资、差旅费等。根据合肥市的一项调查，社会用人单位招聘成本的情况：生均经费1000元以下的用人单位仅为19.3%，而80.7%的用人单位都在1000元以上，54.4%的用人单位在3000元以上，其中1万元以上的占28.1%。根据统计学基本知识可以认为，用人单位所发生的最低生均招聘成本是3000元。

4. 政府的政策成本

政府的政策成本是指政府为促进大学生就业而进行的各类支出，如网络建设、各类优惠扶持政策等。

5.2.2　降低大学生就业成本的途径

考察交易成本问题时，不要局限于“厂商”“政府”或“个体”各自因交易而发生的成本，而要从社会的角度来考虑总成本问题。各类成本之间有无替代关系呢？事实上，大学生的就业过程就是一个交易过程，发生的成本类似交易成本，那么各类成本之间必然存在替代关系。根据北京大学教育学院的调查研究：学校就业服务成本和学生的就业费用之间存在替代关系，学校的就业服务提高一个层次，可以使每位本科毕业生和专科毕业生大约节省80元。这是因为学校的就业指导机构作为一个专业化的组织，可以发挥就业工作“规模化”的优势。根据武汉市人力资源和社会保障局发布的《关于做好2021届大中专毕业生一次性求职创业补贴发放工作的函》，针对2021届有就业创业意愿并积极求职创业的贫困残疾人家庭及城乡低保家庭、建档立卡贫困家庭、获得国家助学贷款的以及属于社会孤儿、烈属、残疾人的大中专毕业生，在毕业年度享受一次性求职创业补贴1400元/人，即武汉市中心城区最低工资标准的80%。此外，政府在降低大学生就业成本方面还可从以下方面着手：

1. 完善就业信息服务体系

目前，困扰大学生就业的主要问题中，不仅包括供需失衡的问题，还包括较为严重的信息不对称问题。大学生对社会的就业信息获取的渠道不够畅通，或者说他们得到的这种信息不够全面。信息成本是各方的一项重要支出，如果政府能完善就业信息服务体系，那么必将大大降低就业成本。目前，我国的高校毕业生就业信息服务体系正处于建设阶段，国家层面的宏观管控力度不足，各地就业信息服务体系的建设缺乏统一的标准，缺乏国家政策和资金的支持，从而使我国高校就业信息服务体系的建设跟不上社会发展的步伐，对高校毕业生的就业问题改善不明显。就目前而言，政府和高校建立的就业服务中心与就业指导中心的工作人员主要由学生和一些业余人员组成，缺乏专业性，无法为毕业生提供实时、全面的就业信息，也无法为毕业生所面临的具体就业问题提供高效、专业、客观的指导意见，从而在很大程度上弱化了就业信息服务体系的作用，使其无法满足毕业生的就业信息需求。因此，高校应该立足于大数据、数字化转型时代的技术现状，引入区块链技术，着力加强与高校的协作，建立高校毕业生求职信息库，探索建立人才储备周转制度，同时与用人单位沟通，收集适合高校毕业生的岗位信息，促进供求匹配。此外，整合就业信息资源，形成全国统一的就业发布渠道，在全国真正形成就业代码规范，就业信息统一开放，就业指导科学合理，区域性就业信息与全国就业信息互动，充分发挥网络优势，定期由专门机构发布大学生就业资讯和相关政策，实现供求双方的信息资源共享。

虽然网络招聘具有信息量大、时效性强、传播范围广、节约时间、成本低等优点，但现在有些企业还是愿意花费更高的成本到招聘现场来，通过尽可能多的渠道招人。这说明网络招聘的服务与人们的需求还有差距，行业还需进一步规范，其服务的功能和质量仍需进一步完善与提高。目前，我国网络招聘产业发展势头良好，潜力很大，但网络招聘的缺点也很明显：首先，虚拟的网络世界给少数虚假信息提供了可乘之机，对于求职者和招聘者双方来说，都存在对虚假信息的担忧。其次，有些网站为了提高点击率，将一些过时的招聘信息也发布在网上，使得求职者常常看到大量过时失效信息，劳而无获。最后，网络带来的“信息爆炸”让求职者和人事经理双方都感到头疼。不少求职者发给人事经理的邮件常常石沉大海，而人事经理也同样苦不堪言，简历蜂拥而至，大量明显不符合条件的简历让人不胜其烦。

对于网络招聘的优点有目共睹，但在越来越多企业和求职者涌向网络的同时，缺点也逐渐凸显。总的来说，网络招聘缺点如下。

（1）应聘简历投得多、面试通知来得少。对于求职者，由于网络投递简历的成本过低，对于发布的相关投递材料及其命名、投递时间等要求也不够严谨，他们忽略或无视发布的招聘任职资格要求，轻点鼠标，瞬间完成投递，继而导致了诸多不负责任的投递。对于企业 HR 来说，这是典型的“简历轰炸”。HR 面对爆满的邮箱和五花八门的不符合条件的简历，会造成不胜其烦的苦恼。据统计，HR 在每份简历上所花的平均时间为 15 秒。因此，与庞大的求职信息相比，用人单位发出的面试通知却是少得可怜。

（2）不局限于网络招聘，偏向于现场招聘。网络招聘如此声势浩大，真正起到的效果有几分？有多少求职者能够通过网络招聘的形式找到工作呢？据中华英才网的有关人员介绍，他们是通过每月的有效需求职位变动来确定招聘的成功率的，而真正有多少人能通过网络招聘会找到工作，他们也无法确定。对于“现场招聘与网络招聘更倾向哪一种”，大学生的回答几乎如出一辙：线上和线下招聘模式并行。关于网络招聘与现场招聘，即线上和线下招聘模式下企业与毕业生选择的调查（图 5-4），显示有 13.3%的受访企业 HR 认为“线上招聘是未来的主流模式，传统模式必定被改变”。但整体来看，相比企业，更多的毕业生认为“线上和线下招聘模式相辅相成，未来缺一不可”（63.0%），毕业生作为各类线上招聘工具和产品的直接感受者，对线上招聘的前景更为看好。总体来看，未来校园招聘中线上与线下并举仍是大方向。

（3）无资质网站陷阱多、遇纠纷能负责的少。网络的虚拟性助长了假信息的泛滥。尤其是非常时期，有些人抓住求职者的急切心理，刊登诱人的信息牟取不当之利。根据人力资源和社会保障部的有关规定，举办网络人才招聘会的单位必须持有许可证。招聘单位无法查找时，应聘个人可以向主办单位要求赔偿。有专家指出，有些登载招聘启事的普通网站并无许可证，并将招聘启事按广告处理。若遇到求职者的合法权益受到侵害，招聘单位无法查找的情况，网站却没有

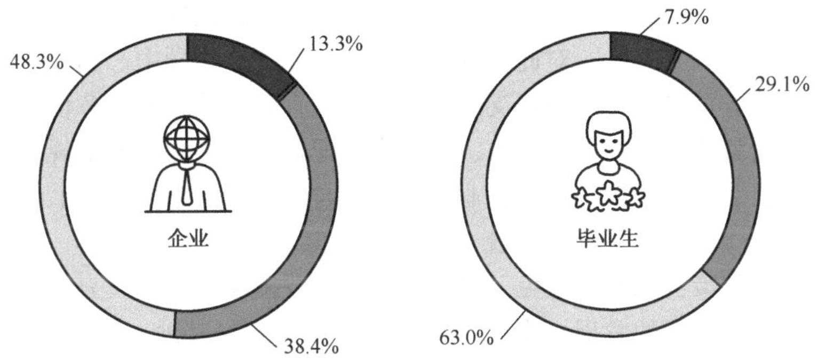

图 5-4　企业和毕业生对招聘模式的选择

连带责任，从而造成求职者的合法权益无法得到保障。而且，有业界人士表示，在实践中对信息的有效性的认证存在很大困难，因为网络“信息量太大了”。

（4）远未成熟、仍需规范。网络招聘使求职者摆脱了拥挤的会场，足不出户就可以与招聘单位进行沟通。同时，网络招聘与现场招聘相比，用人单位与求职者双方都更加省钱、省力、省心。但是网络招聘现在远未成熟，尤其是存在进一步规范的问题。只有不断规范网络招聘市场，才能使此沟通渠道更加完善。

总之，许多招聘网站还只是一种信息发布平台，而且信息繁杂、真假难辨，现有的海量信息以及在网络空间的虚拟条件下，网络招聘的陷阱不可能完全避免，只能尽量地将其减少到最低限度。这是需要全社会方方面面来做的一个系统的“诚信”体系。在对人才需求企业进行登记时也尽量要求其提供详尽的资料，确认联系人身份，一旦发现存在欺诈嫌疑的企业，行业内的普遍做法是将“永远禁止”其参与任何招聘活动，以示惩罚。如果能够想办法对信息的真实性进行把关，再增加招聘论坛、视频面试等形式的服务就更好了。

2. 规范就业市场，加强中介机构的监管

加强各类就业市场管理，建立毕业生和用人单位信用制度，严厉打击非法职业中介和应聘、招聘过程中的各类欺诈行为；倡导社会各界尤其是用人单位积极关注和支持大学生就业工作，鼓励行业协会和中介机构参与就业服务工作，首先发挥政府所属人才交流机构的作用，设立针对毕业生的专门服务窗口，积极为高校毕业生提供就业指导、培训、推荐等服务，提供全方位的人事代理服务。

3. 支持高校就业指导中心的建设

支持高校就业指导中心的建设，并将与指导机构相关人、财、物的配备标准用法律形式规定下来。我国高校的就业指导机构一般都存在规模小、运行经费紧张、服务不完备的问题，与国外高校的同类机构相比存在较大差距，从而成为毕业生就业的制约因素之一。对此，政府应支持高校就业指导中心的建设，如已采取的措施：财务司投入一定经费支持、适当补贴直属高校就业服务信息网络。此外，应将高校就业指导机构相关人、财、物的配备标准用法律形式规定下来，如教育部副部长袁贵仁指出，专职就业服务人员与学生的比例提高到1∶500等。

4. 制定和贯彻落实促进大学生就业的各类优惠政策

通过财税政策，如税收减免、财政贴息、财政担保等方式大力支持促进大学生就业的专业化公司的发展，支持一批高校毕业生实习基地、创业基地的建设，为大学生就业提供指导性、技能性、专业化的服务。通过税费减免和小额贷款等政策，鼓励和扶持毕业生自主创业。继续推行鼓励毕业生到西部工作的优惠政策和措施，以及“三支一扶”工程，逐步改变东西部、城乡之间大学毕业生供求严重失衡的状况，从而降低就业成本。

总之，以网络招聘为主的无形就业市场是降低大学生就业成本的最佳出路。但是由于网络招聘中充斥大量虚假信息等不诚信现象，因此要想从根本上降低大学生就业成本，其关键是要解决大学生就业市场中大学生和企业的不诚信问题。

5.3 大学生就业市场诚信体系优化

现代社会的经济主体是市场经济，市场经济下的诚信本应以契约、规则、法律为基础，然而，当前高校毕业生就业的道德价值存在多元化取向，以及相关的法律和行政管理机制尚未健全，导致高校大学生就业市场的主体双方（聘用方和应聘方），往往仅从自身利益出发，以“打政策擦边球”的方式做出一些与诚信相违背的举动，这样就会增加大学生就业成本，对用人单位和大学生本人造成不良的影响。

5.3.1 大学生就业市场诚信体系的内涵

诚信既是大学生就业市场双方合作的前提和基础，又是合作的结果。没有诚信就没有经济秩序，没有诚信就没有大学生就业市场的健康发展。诚信可以有效地降低交易费用、节约交易时间、提高市场的运作效率。因此，需要有一整套行之有效的机制、制度和规则来约束大学生与企业诚信行为，促进守信，规避失信，更好地弱化信息不对称现象，降低交易费用，延长博弈过程，保障和提高市场经济运行的效率，而这种机制、制度和规则就是诚信体系。

诚信体系是市场经济条件下，由一系列与诚信相互联系、相互促进、相互影响的道德文化、法律法规、制度规范、组织形式、技术手段、运作工具和运作方式构成的综合系统。它们通过对失信行为的记录、揭露、预警和惩戒，有效地遏制市场交易当事人信息不对称的现象，使失信者付出沉重代价，诚实守信者得到应有的经济利益和保障，从而有力地维护经济活动和社会生活的正常秩序。一个完整的诚信体系是由诚信道德建设、诚信法律法规的制定、诚信信息的归集、诚信评价、诚信监管、诚信奖惩、诚信中介服务机构的设立等多个子体系构成的。

1. 诚信道德体系

诚信道德建设是大学生就业市场诚信体系的基础性建设。虽然诚信道德建设是软约束，但它却能使人们的行为准则有所遵循。发挥道德的自律作用，形成诚实守信的社会风尚是建设大学生就业市场诚信体系的基础和保证。

2. 诚信法律法规体系

诚信法律法规体系是大学生就业市场诚信体系借以建立并正常运行的保障。有法可依是改善社会信用环境，构筑大学生就业市场诚信体系的前提和条件，并且诚信与法律具有相互促进的作用，完备的法律法规和严格的执法可以提高市场行为的诚信度。

3. 诚信信息的归集体系

诚信信息的归集是指将分散在社会有关方面的企业诚信信息，进行采集、分类、整理、储存，建立企业诚信信息数据库。这是建立大学生就业市场诚信体系的重要基础设施。对企业的诚信评价是建立在对企业有关信用数据的全面、系统的分析基础之上。

4. 诚信评价体系

诚信评价体系是对企业诚信能力进行综合评估的规则、方法和程序的总称，建立科学的诚信评价体系是大学生就业市场诚信体系建设的重要环节。

5. 诚信监管体系

诚信监管包括政府根据诚信等级进行分类管理、诚信信息的查询及诚信信息的披露等。这是建设大学生就业市场诚信体系的组织保证。诚信监管的实质就是充分利用政府部门掌握的诚信信息，通过对企业的分类管理和对社会公示的方式，建立一种有力的长效监管机制。

6. 诚信奖惩机制

建立诚信奖惩机制，鼓励守信企业，制约失信企业，是大学生就业市场诚信体系正常发挥作用的重要保证，是整顿和规范市场经济秩序的重要举措之一，也是实现监管改革目的的一项制度创新。

7. 诚信中介服务机构

诚信中介服务机构是专门从事诚信服务的社会中介组织，它也是大学生就业市场诚信体系建设的一个重要组成部分。

5.3.2 大学生就业市场诚信体系优化的措施

1. 加强高校对毕业生的诚信教育力度

诚信是一切道德之源，为人之本，是一个社会赖以生存和发展的基石。真实的诚信行为，是“诚信观”的重要认知基础；可靠的信任态度，是“诚信观”的重要评价内容；高度的信誉价值，是“诚信观”的重要价值取向标准。根据大学生就业市场的特殊性，若要减少就业过程中不诚信现象的发生，其中一个更有效的措施就是加强对大学生的诚信教育[93]。

首先，要确立诚信教育在学校德育中的地位[94]。把诚实守信作为高校德育工作的重要基石，作为高校大学生素质教育的重要内容，使大学生认识到社会主义市场经济必须建立在以诚信道德为核心的基础上，使市场经济就是“信用经济”的观念深入人心，让大学生明白不守诚信最终会误己、误人、误国。

其次，尊重学生在诚信教育中的主体地位。诚信教育能否奏效，归根结底依赖于教育对象的“自我”作用。正如苏联教育家苏霍姆林斯基说的那样，“没有自我教育就没有真正的教育”。因此，在诚信教育中，尊重学生的主体地位和主体人格，一要引导学生自觉认知诚信和诚信教育的必要性、重要性与紧迫性；二要指导学生进行“自我”说服教育，培养学生对诚信道德的认知能力和感受能力，激发他们“自我”教育的积极性和主观能动性；三要督导学生建立诚信自律制度以及相应的考评体系，保证诚信教育的长久持续。

最后，创造良好的校园诚信环境。学校的办学理念要以诚信为本，它是一所学校生存和发展的基础。创造良好的诚信教育舆论环境，要充分运用校内的宣传工具，如用橱窗、校报、电视、网络等舆论工具进行正面引导；用诚实守信的榜样鼓舞人；用弄虚作假、欺骗欺诈的反面教材警示人。通过辩论、讨论、思想交流等多种形式，帮助学生克服急功近利的侥幸心理，提倡学生以实事求是的态度对待学业、就业等各类关乎切身利益的问题。

企业诚信，靠企业的管理制度、经济实力维持，更靠具有诚信品质的员工去实现。没有诚信的员工，就不可能有诚信的企业。有时，哪怕只有一个员工，甚至只有一次偶然的失信，对企业所造成的负面影响都可能是无法挽回的。正因为如此，更需要教育正在谋求理想职业的大学生，必须在诚信上下功夫，做人、处世，努力做到坦诚真实、言行一致，才能使自己受益终身。

2. 加强高校管理信息化建设力度

学生在校期间的学习、工作、生活绝大部分是在学校的统一安排和布置下进行的，高校加大信息化建设力度，解决目前的信息孤岛问题，实现信息互通与共享，最终提供给用人方真实的基本信息，如学业成绩、考级考证情况、在校表现、奖惩情况等。高校管理工作信息化是大学生诚信体系建设的基石。

3. 加强高校对就业大学生的诚信监督力度

集教育、服务之双重责任于一体的高校，处于高校就业市场的中介地位，通过高校来加强对就业市场的监督力度，势必对市场诚信能够起到积极的维护作用。

（1）严格把好“出校关”。如实地为毕业生提供正确、清楚、完整的求职材料，包括成绩单、推荐表、就业协议书、国家技能考试等级证书、获奖荣誉证书等，杜绝伪造证件、成绩等一切违法、失信的行为，保证就业市场的信息合法化。

（2）严格把好“唯一关”。校方在为毕业生提供的求职材料中，有些材料只对每位毕业生提供一份，如就业协议书等。毕业生就业协议书作为一种契约，一旦签订就具有法律约束力，双方都有责任执行，因此在同一时间内，一个毕业生持有的就业协议书不能多于一份，只有经双方共同商议并履行解除协议手续之后，才能凭双方的统一解除协议的签字凭据和原来的就业协议书的存根到学校领取新的就业协议书，严格控制就业协议书的发放数量，以保证就业市场签约的合法化。

（3）严格把好“协调关”。当毕业生与用人单位发生争执时，高校应当承担起协调的责任。诚信机制在大学生就业市场中产生作用的关键是要建立一套使守信者得到利益、失信者付出代价的制约机制，保证毕业生与用人单位双方的正当权利不受侵害，保证就业市场运转的公平化。

“诚信观”作为一种认知，其本质就是在对信用、信任、信誉等属性和价值的抽象概括中所形成的一种认同观念。这种认同观念来源于社会多领域、多层面对信用、信任、信誉等属性和价值的理性认知、评价和抉择。

4. 明确大学生就业签约的权利和义务

高校毕业生就业签约的权利和义务见表 5-1。

表 5-1　高校毕业生就业签约的权利和义务

<table>
<tr><td rowspan="3">权利</td><td>知情权</td><td>1. 了解用人单位的背景情况、聘用条件、岗位职责、待遇、合同条款等信息；
2. 了解高校毕业生就业协议书的有关条款</td></tr>
<tr><td>索取权</td><td>1. 向校方索取本人与签订协议相关的资料，如推荐表、就业协议书、成绩单、其他等级和获奖证书；
2. 如和用人单位经过协商，履行解约手续，有权索回签订就业协议时所提供的相关表格、资料和证书等</td></tr>
<tr><td>签约权</td><td>与单位平等协商、签订协议</td></tr>
<tr><td>义务</td><td colspan="2">1. 向用人单位提供真实的材料，如成绩单、就业协议书、各种获奖证书、技术等级考核证书等；
2. 在同一时间内，只能与一家用人单位签订就业协议，并严格履行协议内容；
3. 自签订协议到去单位报到的这段时间之内，如若发生违背协议的事情，要及时通知该用人单位和校方，并履行相关解约手续</td></tr>
</table>

5. 广推简历在线验证标识

教育部全国高等学校学生信息咨询与就业指导中心正式成立后在“学信就业”平台上推出了简历在线验证标识，引发了媒体的广泛关注。“简历在线验证标识”是利用教育部全国高校学籍信息数据库和全国高等教育学历信息数据库，对通过身份或学历审核的求职者，为其简历提供在线验证标识。求职者只需在“学信就业”平台上免费实名注册并在模板中填写简历，经“学信就业”平台数据库确认其身份或学历无误后，便可得到一份具有在线验证标识的简历，接收电子简历的招聘单位不仅可以看到简历中的验证标识，还可以验证标识的链接，调用“学信就业”平台的验证简历库，进行在线确认，防止验证标识被盗用。如果求职者修改简历中的身份和学历信息，系统将重新进行审核。在线验证标识不仅适合高校应届毕业生和在校生，还适合已取得国家高等教育学历的往届生，服务贯穿人才的整个职业生涯。属于全国高校学籍数据库和高等教育学历数据库范围的求职人员都可以登录“学信就业”平台免费注册申请。在线验证标识的发布，省去了用人单位上网逐一查询、核对求职者学历信息的烦冗程序，用人单位只需在线单击验证标识进行确认，就可轻松完成对简历资格的审核。

5.3.3 大学生就业市场诚信缺失的现象

当前大学生就业市场诚信缺失的表现主要是大学生就业不诚信和企业诚信缺失。

1. 大学生就业不诚信

作为就业市场中的“卖方”，绝大多数毕业生能够以实事求是的心态，凭着自己的真才实学在求职过程中真诚应对。面对激烈的就业竞争和巨大的就业压力，有个别学生为了获得面试机会，找到一份满意的工作，会不同程度地在自己的简历、自荐信上“添加水分”，以求能引起用人单位的关注和青睐。为了增加就业的竞争力，有极个别学生还涂改成绩单，隐匿不及格记录，冒用导师的名义写推荐信等。还有部分学生缺少就业条件、自信匮乏，为了达到被录用的目的，急功近利，不择手段。有的掩饰自己的真实观点，一味迎合用人单位的价值立场；有的多修饰自己的简历，从而让自己的求职资料增添很多与事实不符的优势；有的学习成绩数门不及格，一边等待毕业前的补考，一边在求职大军中寻寻觅觅，当用人单位要求出示成绩单时，以侥幸心理谎称学校要等毕业后才能提供成绩单。结果，当用人单位从同校其他求职者处获取成绩单时，“谎言”不攻自破，求职梦也随之破灭。当然，也有条件比较优越的毕业生，手中攥着几个单位的接收函，举棋不定，取舍不决，为了争取更多的时间来了解和比较关乎切身利益的信息，他们以各种理由巧妙地周旋于这些单位之间，一方面在隐瞒自己深层次动机的同时稳住用人单位，以各种客观理由尽可能说服用人单位推迟签约时间；另一方面则争取时间深入比较、衡量价值最大化的就业目标，一旦确定价值利益，他们甚至可以不顾曾经与其他公司达成的就业协议，最终采用瞒天过海的手段秘而不宣地到理想单位报到。目前，已经有一些专家学者对大学生的诚信问题进行了探讨，梁德友、李雅琴等人对大学生诚信思考问题进行了思考[93,95]，雷育胜、许中华对大学毕业生违约现象进行了分析并提出了相应对策[96]，窦春玲对大学生不诚信问题从经济学的角度进行了分析[97]。

2. 企业诚信缺失

作为就业市场中的“买方”，绝大部分用人单位都能以公平、公正、公开的原则对求职者进行考核、甄选，但也不乏一些用人单位在招聘和录用过程中存在不规范的运作。比较明显的表现是双方存在严重的信息不对称现象。有的用人单位在招聘过程中，只注重充分行使自己的权益，而无视求职者应该享有的权利。如当收到求职者的简历之后，用人单位便有权提前和学校取得联系，先行确认学生的基本信息、学习、生活、工作等情况，并以此作为确定面试名单的主要依据；而学生在面试甚至签约之前，对用人单位真实的聘用条件、就业岗位、岗位待遇、就业合同条款等方面的知情权，都无法得到对等的满足。

也有的用人单位为了应付渡过“业务忙、人手紧”的难关，以招聘之名，行实习之实，待旺季过后，大部分“不合适本岗位”的毕业生只能得到被请出公司的不公正待遇，以至于本来已经安心准备就业的毕业生在毫无准备的状态下失去了职业生涯的第一桶金，不得不又重新加入求职大军。由于这些学生错失了选择满意工作的最佳时机，其职业生涯往往处境堪忧。还有少数用人单位打着招聘的旗号进校内宣讲，其目的只是提升企业形象和企业知名度。

尽管高校教育早已建立“大众化”的培养模式，但是，每所高校、每所专业、每届学生中都有一定比例品学兼优、素质超群的优秀毕业生，为了吸引出色而优秀的高校人才，有些单位在招聘简章上许下重诺，或出国深造，或高薪待遇……种种优越的招聘条件确实可以吸引不少优秀的学生，使他们积极备战，忙于应付一次又一次不同形式的考核。令人遗憾的是，市场中也不乏这样的用人单位：临近签约，却以人事调整、单位转制、不适合岗位特点等多种借口收回了面试时、实习期许下的诺言，单方面取消和学生的就业协议。

5.3.4 大学生就业市场企业诚信体系优化

1. 进一步加强高校对就业市场企业的监督

高校严格把好“进校关”。在当前校内就业市场如火如荼之际，对要求进校宣讲、招聘和要求在高校网络上宣传本单位招聘信息的用人单位，高校要严格甄别、审核用人单位的合法性和有效性，审核营业执照及其他有效合法的营业证件，并复印存档，对于诚信记录良好的用人单位优先向毕业生推荐，对于诚信记录不佳的用人单位谢绝接待，杜绝一切不合法的用人单位进校举办违法的招聘活动，以维护校内大学生就业市场的合法性和有序性，保证就业市场运转中的主体合法化。

2. 明确企业签约的权利和义务

企业签约的权利和义务见表5-2。

表5-2 企业签约的权利和义务

权利	知情权	1. 了解应聘学生的基本情况、学习成绩、能力特长、思想素质、其他表现、身体状况等与工作相关的信息； 2. 了解高校毕业生就业协议书的有关条款
	索取权	向校方或毕业生索取毕业生与工作考核相关的资料，如推荐表、就业协议书、成绩单、其他证书的复印件（验原件）等
	签约权	与毕业生平等协商、签订协议
义务	1. 对应聘的毕业生如实反映本单位的基本情况、聘用条件、岗位待遇等，不可宣传失实，不承诺无法实现的条件； 2. 签订就业协议后必须严格履行协议内容，不得毫无理由地随意更改协议内容或单方面解除协议； 3. 自签订协议到学生报到的这段时间之内，如若发生违背协议的事宜，要及时通知毕业生或校方，并履行相关解约手续，退还毕业生签订协议时提供的相关表格、资料和证书等	

3. 建立评价企业诚信度机制

解决企业诚信缺失的问题，除了要建立健全诚信教育宣传体系，建立和完善诚信的法律支持体系，加快诚信立法工作，更重要的是应建立专门的诚信评价机构，用科学的评价方法、明确的评价内容、规范的等级标准来准确反映企业诚信状况，同时还应该建立企业诚信信息查询服务体系，逐步实现部门间和全社会的诚信信息共享。并在此基础上，加快诚信数据的开放与诚信数据库的建设，建立统一、规范、透明的信息披露制度，加强舆论监督。诚信评价机构要通过各种方式，及时公布企业的诚信记录，使人们能很方便地查询到失信者的失信记录，真正做到制度上完善、法律上约束、舆论上监督，使“诚信者走遍天下，失信者寸步难行”。

（1）建立企业诚信评价指标体系应把握的原则。

1）定性分析与定量分析相结合。要从企业诚信能力各方面入手，对企业在生产经营过程中的诚信记录、基本素质、经营水平、财务状况、盈利能力、管理水平和发展前景等因素进行综合分析与评价，以定量分析为基础，在定性分析的配合下共同完成，将客观评价方法与主观评价方法相结合。

2）静态分析和动态分析相结合。一般来说，如果企业的经营是正常的，则它的各项诚信指标在各连续时期应存在一定的“惯性”或“时滞”。因此，在评价分析企业的诚信状况时，既不能只看企业的过去，又不能不看过去而只做无依据的预测和展望。在对企业的过去及现状分析和前景预测方面，要保持一定的比例关系，以现状分析为主。

3）保证指标体系的科学性与系统性。所确定指标体系要能够比较全面、直接地反映企业诚信状况，且尽可能多地利用已有的信息资源，降低数据获取成本。设计的指标体系既要有能真正反映出企业诚信内容的科学依据，又要全面、系统，不能只重视某一方面的指标和内容而忽略其他方面，还不能使指标重复、虚设。

（2）企业诚信评价指标与方法。所谓企业诚信，实质上包含两层含义：一是企业是否积极主动履行自己的承诺，从而使其保持良好的诚信记录，这主要可从企业以往履行承诺的记录来反映；二是企业将来是否具备保持良好诚信水平的能力。因此，笔者把企业的诚信评价指标体系也分为两部分：守信指标体系和诚信能力指标体系。两部分是相辅相成的，守信、守规、守法是诚信建设的主体，也是诚信能力强的表现，而诚信能力强反过来又推动企业进一步做好守法、守规、守信。

1）企业守信程度评价。企业守信的内容可分为公司独立经营状况、公司法人治理结构、公司内控制度建设状况、信息披露情况、募集资金使用情况、重大资产重组情况、财务真实性情况、相关监管部门处罚情况等几类。企业守信程度评价包括对企业的社会诚信调查与评价，如从税务机关获得企业的纳税情况，有无欠税、欠税金额及拖欠时间，有无偷税、逃税或抗税的违法行为；从劳动和社会保障部门获得企业劳动法律法规执行情况，有无拖欠职工工资和职工养老保险金、失业保险金和医疗保险金等情况；从金融机构获得企业在本行贷款额、本息归还情况，有无逃债、废债的行为；从市场监督管理部门获得企业有无生产、销售假冒伪劣商品，有无坑蒙欺诈消费者等问题；从供货单位（包括其他债权人）获得企业合同履行情况，有无拖欠货款金额、拖欠时间，债务纠纷等问题；从企业产品的销售单位获得企业是否及时、按质保量地供货的情况。对企业信息质量的评价。在全面认真核实企业整体资产负债的基础上，计算出资产负债率、流动比率、存货周转率、产销或购销率、销售货款回笼率、销售利润率等指标，获得反映企业财务状况和经营成果的真实资料，与企业公布或报告的信息对比，考察企业财务账目有无弄虚作假的行为，企业对外公布和报告的各类信息与报表是否真实可靠、是否及时完整，有无故意隐瞒、虚夸等现象。对企业内部诚信制度的评价，分析企业内部诚信管理制度是否健全，是否严格执行。

2）企业诚信能力评价。诚信能力指标体系可以分为公司素质、偿债能力、获利能力、经营状况、成长能力、发展前景等几类。具体评价时包括：①对企业固定资产的评价。目前，一些社会中介机构的评价，不但收费过高，手续烦琐，而且可信度不高，个别中介机构滥用资信，出具虚假的评价报告。因此，由专门人员掌握第一手材料，并提交负责任的评价报告，是比较妥当的。②对企业市场竞争能力的评价。包括有无生产许可证，企业生产能力及规模，在同行业所处的位置，市场占有率，产品质量状况（权威部门的检验合格证，是否通过国际、国家质量认证），企业经济效益（近三年利税指标完成情况），企业领导人素质（是否按照建立现代企业制度要求，建立和完善了法人治理结构，是否建立健全了监督和制约机制）。由企业或者有关主管部门提供文件依据，做出综合评价。对企业债权进行严格审查。通过诚信能力指标的实际水平，全面反映企业的诚信能力状况，并对各种指标的权重进行优化，确定企业诚信能力状况的标准。在统一标准的基础上，对企业的诚信能力进行打分，得到企业诚信能力状况的具体得分。

3）企业诚信综合评价。企业诚信综合评价得分由企业守信得分和诚信能力得分组合而成，两大部分共同构成企业的诚信评价系统。按企业诚信综合得分，对企业诚信度仍进行四级风险分类，即 A 类、B 类、C 类和 D 类。

5.4 基于模糊综合评判的企业诚信度评价模型

对于就业市场诚信体系建设，主要抓两个方面：一个是招聘方；一个是应聘方。应聘方的诚信体系建设由于环境相对单纯，涉及面不广，通过教育、信息化建设等方法很容易做到，但作为招聘方，它存在于社会这个大的系统中，环境复杂、因素多变，是就业市场诚信体系建设的重点和难点，必须依赖于政府和社会的强有力的推动，本节重点从技术方面进行探讨和研究，提出了基于模糊综合评判的企业诚信度评价模型。

在实际工作中，对一个事物的评价常常涉及多个因素或指标，这时就要求根据多个因素对事物做出综合评价，而不是只从某一个因素的情况去评价事物，这就是综合评判。模糊综合评判决策是对受多种因素影响的事物做出全面评价的一种十分有效的多因素决策方法[98]。对于企业诚信度的评价是一个受多方面因素影响的问题，这里先给出模糊综合评判决策数学模型的描述，然后运用该模型对企业诚信度进行综合评价。需要说明的是，这里给出的企业诚信度评价模型对学生诚信评价也具有一定参考价值。

5.4.1 模糊综合评判决策原理

设 X 与 Y 是两个非空集，如果存在一个对应规则 f，使对于任一元素 $x\in X$，有

唯一元素 $y \in Y$ 与之对应，则称 f 是从 X 到 Y 的映射，记为

$$f: X \to Y,\ x \mapsto f(x) = y \in Y \tag{5-1}$$

对于一个普通集合 A，空间中任一元素 u，要么 $u \in A$，要么 $u \notin A$，二者必取其一，即在普通集合中的取值为 1 或 0。而在模糊集合中，则推广为［0,1］区间上的任意一个值。

设 U 是论域，称映射 μ_A：$U \to [0,\ 1]$，$x \mapsto \mu_A(x) \in [0,\ 1]$ 确定了一个 U 上的模糊子集 $\underset{\sim}{A}$，映射 μ_A 称为 $\underset{\sim}{A}$ 的隶属函数，$\mu_A(x)$ 称为 x 对 $\underset{\sim}{A}$ 的隶属程度。U 上所有模糊子集所组成的集合称为 U 的模糊幂集，记为 $F(U)$。

设 $U = \{u_1,\ u_2,\ \cdots,\ u_n\}$ 为 n 种因素（或指标），$V = \{v_1,\ v_2,\ \cdots,\ v_m\}$ 为 m 种评判（或等级），它们的元素个数和名称可根据实际问题的需要而设置。由于各种因素所处地位不同，作用也不一样，可用权重 $A = (a_1,\ a_2,\ \cdots,\ a_n) \in F(U)$ 来描述。对每个因素的评判，实际上是做一个模糊映射：

$$\begin{aligned} &\underset{\sim}{f}: U \to F(V) \\ &u_i \mapsto (r_{i1},\ r_{i2},\ \cdots,\ r_{im}) = \underset{\sim}{f}(u_i) \end{aligned} \tag{5-2}$$

显然，$\underset{\sim}{f}(u_i)$ 是 V 上的一个模糊子集。以模糊映射的像 $\underset{\sim}{f}(u_i) = (r_{i1},\ r_{i2},\ \cdots,\ r_{im})$ 为行构成的矩阵 $\boldsymbol{R} = \begin{bmatrix} r_{11} & r_{12} & \cdots & r_{1m} \\ r_{21} & r_{22} & \cdots & r_{2m} \\ \vdots & \vdots & & \vdots \\ r_{n1} & r_{n2} & \cdots & r_{nm} \end{bmatrix}$ 称为评判矩阵。让权重 $\boldsymbol{A}$ 与单因素评判矩阵先取小，后取大的合成运算［用模型 $M(\wedge,\ \vee)$ 计算得］，即

$$(a_1,\ a_2,\ \cdots,\ a_n) \circ \begin{bmatrix} r_{11} & r_{12} & \cdots & r_{1m} \\ r_{21} & r_{22} & \cdots & r_{2m} \\ \vdots & \vdots & \ddots & \vdots \\ r_{n1} & r_{n2} & \cdots & r_{nm} \end{bmatrix} = (b_1,\ b_2,\ \cdots,\ b_m) \tag{5-3}$$

其中，$b_j = \bigvee_{i-1}^{n} (a_i \wedge r_{ij})$，$j = 1,\ 2,\ \cdots,\ m$。

可得综合评判结果：

$$\underset{1\times n}{A} \circ \underset{n\times m}{A} = \underset{1\times m}{\underset{\sim}{B}} = (b_1,\ b_2,\ \cdots,\ b_m)$$

其中，$\underset{\sim}{B}$ 是 V 上的一个模糊子集。

5.4.2　基于模糊综合评判决策模型评价企业诚信度

根据上面的模糊综合评判决策模型，下面给出一个基于模糊决策综合模型评

价企业诚信度的范例。

例：基于模糊决策综合模型评价企业诚信度的计算。

a. 因素集 $U=\{u_1, u_2, u_3, u_4\}$，其中，u_1 为企业社会声誉；u_2 为企业内部诚信；u_3 为企业经营效益；u_4 为企业发展前景。

b. 评判集 $V=\{v_1, v_2, v_3, v_4, v_5\}$，其中，$v_1$ 为完全诚信；v_2 为比较诚信；v_3 为一般诚信；v_4 为有点诚信；v_5 为不诚信。

c. 建立评判矩阵。大学生对某企业进行评价。假定有 7 个大学生对某企业评价，评价结果见表 5-3。其中，$c_{ij}(i=1, 2, 3, 4; j=1, 2, 3, 4, 5)$ 是赞成第 i 项因素 $u_i(i=1, 2, 3, 4)$ 为第 j 种评价 $v_j(j=1, 2, 3, 4, 5)$ 的票数。令 $r_{ij}=\frac{c_{ij}}{\sum_{j=1}^{5} c_{ij}}(i=1, 2, 3, 4)$，$\sum_{j=1}^{5} c_{ij}=7$ 为推荐者个数。由上式易得出评判矩阵：

$$\boldsymbol{R}=\begin{bmatrix} 0.57 & 0.29 & 0.14 & 0 & 0 \\ 0.86 & 0.14 & 0 & 0 & 0 \\ 0 & 0 & 0.71 & 0.14 & 0.14 \\ 0.29 & 0.29 & 0.14 & 0.14 & 0.14 \end{bmatrix}$$

表 5-3 基于模糊决策的评判矩阵

因素集 U	评判集 V				
	v_1 完全诚信	v_2 比较诚信	v_3 一般诚信	v_4 有点诚信	v_5 不诚信
u_1：企业社会声誉	4（c_{11}）	2（c_{12}）	1（c_{13}）	0（c_{14}）	0（c_{15}）
u_2：企业内部诚信	6（c_{21}）	1（c_{22}）	0（c_{23}）	0（c_{24}）	0（c_{25}）
u_3：企业经营效益	0（c_{31}）	0（c_{32}）	5（c_{33}）	1（c_{34}）	1（c_{35}）
u_4：企业发展前景	2（c_{41}）	2（c_{42}）	1（c_{43}）	1（c_{44}）	1（c_{45}）

d. 综合评判。由于每个大学生的评价是以自我为中心主观评价的，有的强调企业内部诚信，有的强调企业经营效益，所以对各个因素的侧重程度是不同的。下面给出两种不同侧重的权重。

若强调企业内部诚信的策略，给出权重：$A_1=(0.2, 0.5, 0.1, 0.2)$；

若强调企业经营效益的策略，给出权重：$A_2=(0.2, 0.1, 0.5, 0.2)$；

用模型 $M(\wedge, \vee)$ 计算，得

$$\underset{\sim}{B_1}=A_1 \circ R=(0.5, 0.2, 0.14, 0.14, 0.14)$$

$$\underset{\sim}{B_2}=A_1 \circ R=(0.2, 0.2, 0.5, 0.14, 0.14)$$

将 $\underset{\sim}{B}_1$，$\underset{\sim}{B}_2$ 归一化，得

$$\underset{\sim}{B}_1' = (0.46,\ 0.18,\ 0.12,\ 0.12,\ 0.12)$$

$$\underset{\sim}{B}_2' = (0.17,\ 0.17,\ 0.42,\ 0.12,\ 0.12)$$

由此可以看出，若强调企业内部诚信，则该企业的诚信度较高；但是若强调企业经营效益，则该企业的诚信度较低。

由于综合评判结果是以模糊集 $\underset{\sim}{B} = (b_1,\ b_2,\ \cdots,\ b_m)$ 的形式给出的，它可以提供许多信息，较全面地反映了评判对象。因此，在处理实际问题中，根据需要，为了充分利用综合评判带来的信息，可把评判结果 $\underset{\sim}{B}$ 归一化后看作一组权重，它反映的是评判集 V 中各个方案（或等级）的重要程度，将评判集 V 的等级用 1 分制数量化，则对评判结果进行加权平均，即可得到总分。

比如综合评判模型中，强调企业内部诚信的评判结果 $\underset{\sim}{B} = (0.46,\ 0.18,\ 0.12,\ 0.12,\ 0.12)$，评判集 $V = \{v_1$(完全诚信)，v_2(比较诚信)，v_3(一般诚信)，v_4(有点诚信)，v_5(不诚信)$\}$ 的数量化表示为 $V = (1,\ 0.8,\ 0.7,\ 0.6,\ 0.5)^{\mathrm{T}}$，则总分为 $(0.46,\ 0.18,\ 0.12,\ 0.12,\ 0.12)(1,\ 0.8,\ 0.7,\ 0.6,\ 0.5)^{\mathrm{T}} = 0.82$（分）。如果规定总分在 0.80 分以上算是比较诚信，则该企业属于比较诚信范畴。

本章小结

本章主要就大学生就业市场服务渠道选择与成本优化问题进行了分析和讨论。首先，介绍了目前大学生就业的主要渠道；其次，对这些就业渠道的选择进行了利弊分析，指出渠道的选择最主要的约束条件是就业成本，且诚信体系建设是影响就业成本的决定性因素。本章从大学生和企业的角度分别对诚信问题进行了深入的分析和讨论，对学生的诚信问题，可以通过诚信教育、高校管理的信息化等措施加以保证；对企业的诚信问题，则给出了基于模糊综合评判的企业诚信度评价模型。

第6章 武汉地区大学生就业市场案例分析

本章主要以武汉地区大学生就业市场为具体研究对象，提出大学生就业指数系统，在相关的统计数据分析基础上，运用该理论对武汉地区大学生就业市场进行研究，总结了武汉地区大学生就业市场的特点与典型做法，并在此基础上，给武汉地区大学生就业市场提出若干改进建议。

6.1 大学生就业指数系统

近几年来，“大学生就业难”问题已成为全社会关注的焦点问题。针对这一问题，必须发挥政府在毕业生资源配置中的宏观调控作用，指导大学生多就业、就好业。但目前困扰各级人事部门的一个普遍问题是：没有一个系统、完整、科学、定量、有效的就业信息系统为宏观调控提供决策支持。大学生就业指数系统的推出能为解决该问题提供很好的解决方案。该系统旨在提供及时、完整、准确、定量化和具有前瞻性的就业信息，可以为毕业生、学校和用人单位提供广泛、有效的服务，政府也可以依据该系统提供政策依据，进行宏观调控。

6.1.1 建立大学生就业指数系统的意义

本书提出的大学生就业指数是指以武汉地区普通高等专业学校本科毕业生为样本，围绕大学生的就业率、就业缺口和就业质量三个统计指标，运用数理统计学和计量经济学的理论与方法建立的能够综合反映武汉地区大学生就业状况的一系列指数模型。以大学生就业指数为核心所建立的大学生就业指数系统具有以下意义：为宏观调控提供有力支持，促进政府职能转变；完善高校教育资源配置；服务不同学生的全方位需求；满足用人单位的信息需求；满足中介机构的信息需求；减轻政府各行业主管部门的工作压力。

6.1.2 建立大学生就业指数系统的理论基础

大学生就业指数系统建立在以下理论基础上：

1. 统计指数理论

（1）就业率指数。选取某年作为基期，以 100 为基数，将该年后每年的就业率指数化。

（2）就业缺口指数。选取某年作为基期，对武汉地区用人单位每年能为大学毕业生提供的空缺职位数和毕业生实际就业的数量进行抽样统计并计算其差额作为就业缺口量，以 100 为基数，将该年后每年的就业缺口量指数化。

（3）就业质量指数。选取某年作为基期，对在武汉地区就业的大学毕业生进行问卷调查，并运用虚拟变量方法将之量化，以 100 为基数，将该年后每年的就业质量量化后指数化。

2. 就业率评价参数

在长期的过程中，通过连续不断改变模型的样本时段，拟合多个一元回归模型 $Y_i = a + bX_i + e$，可以得出参数 b 随时间变化的序列：b_1，b_2，…，b_n，通过分析 b_n 的增长规律，可以评价每年就业政策推行的效果和就业环境的改善情况。就业率评价参数是就业率指数分析评价系统的理论基础。

3. 虚拟变量模型

所谓就业质量，就是毕业生对自己就业的满意程度。就业质量的下降将直接影响就业环境，最终导致就业率下降。选取薪酬福利和发展空间作为衡量大学生就业质量的两个指标，对于薪酬福利和发展空间，均可通过设置虚拟变量来表示。整个就业质量函数可表示为 $y = a\sum D_1 + b\sum D_2$。其中，$y$ 表示定量化的就业质量；D_1 是一个虚拟变量，表示薪酬水平，当调查者对薪酬水平满意时，则 D_1 取值为 1，不满意时 D_1 取值为 0（$\sum D_1$ 表示对薪酬水平满意的所有调查者之和）；D_2 也是一个虚拟变量，表示发展空间，当调查者对工作发展空间满意时，则 D_2 取值为 1，不满意时 D_2 取值为 0（$\sum D_2$ 表示对发展空间满意的所有调查者之和）；a 表示所有调查者中对薪酬水平满意者所占的百分比；b 表示所有调查者中对工作发展空间满意者所占的百分比。

6.2 武汉地区大学毕业生就业率指数分析

6.2.1 武汉地区大学毕业生就业率指数概况

根据统计数据（表 6-1、图 6-1 和图 6-2），2019 年武汉地区高校本科毕业生比上年增加 14.9%，近 5 年来毕业生人数增幅呈现下降趋势，而就业人数比上年增加了 2.4%。统计结果显示，2019 年武汉地区高校本科毕业生就业率为 94.90%，就业率指数为 99.23%，就业率比上年低 0.31%，就业率指数下降 0.32%，且近 5 年的就业率指数都比较接近，均在 99%以上，整体差异不大。主要原因是与武汉经济稳速发展密切相关。

表 6-1 2015—2019 年武汉地区大学毕业生就业率

年 份	2015	2016	2017	2018	2019
毕业生人数（本科，万人）	14.8	15.1	15.2	14.5	14.9
毕业生人数增长率/%	—	2.03	0.66	-4.61	2.76
就业人数/万人	14.15	14.39	14.45	13.81	14.14
就业率/%	95.64	95.31	95.07	95.21	94.90
就业率指数/%	100.00	99.65	99.40	99.55	99.23

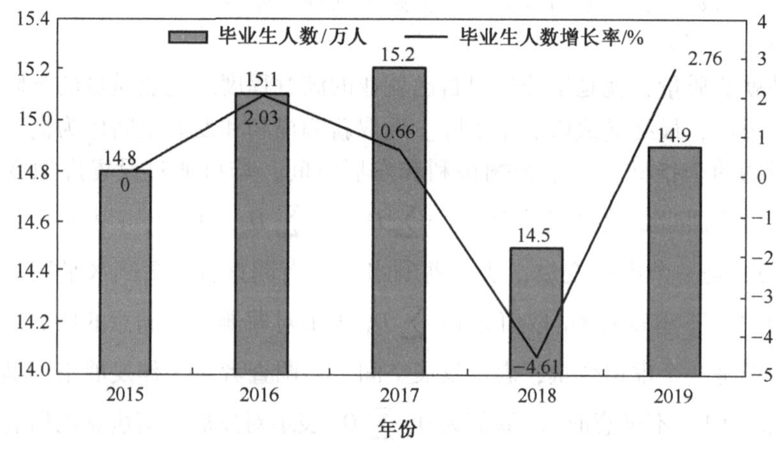

图 6-1 2015—2019 年武汉地区高校毕业生人数趋势

6.2.2 武汉地区高校各专业毕业生就业率排名

按专业统计，对武汉地区高校本科毕业生就业率进行比较分析，得出前 10 位排名情况（表 6-2）。结果显示，2020 年各专业的就业率相对 2019 年有所上升，就业率较高的专业主要是交通工程（98.52%）、农学（98.04%）、物流工程（97.73%）等。

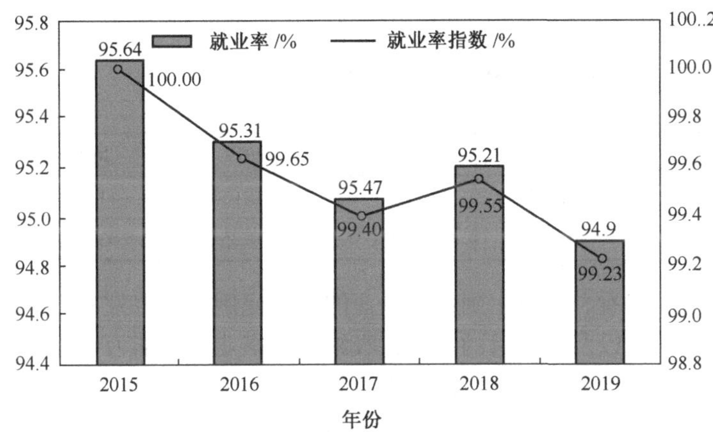

图 6-2　2015—2019 年武汉地区高校毕业生就业趋势

表 6-2　近两年武汉地区高校各专业毕业生就业率排名

2019 年就业率			2020 年就业率		
名次	专业	就业率/%	名次	专业	就业率/%
1	机械工程	97.91	1	交通工程	98.52
2	水产养殖学	97.10	2	农学	98.04
3	轮机工程	97.07	3	物流工程	97.73
4	物流工程	97.91	4	航海技术	97.60
5	道路桥梁与渡河工程	97.07	5	国际商务	97.45
6	工业工程	97.05	6	汽车服务工程	96.81
7	汽车服务工程	96.99	7	休闲体育	96.69
8	安全工程	96.85	8	道路桥梁与渡河工程	96.61
9	无机非金属材料工程	96.39	9	酒店管理	96.55
10	中药学	96.32	10	车辆工程	96.37

随着经济全球化程度的提高和信息化步伐的加快，在大众创业、万众创新时代背景下，伴随“互联网+”的发展，交通工程、农学、物流工程等专业就业率脱颖而出。并且，道路桥梁与渡河工程、汽车服务工程、物流工程三个专业的毕业生就业率一直位居前 10 位。

6.2.3　武汉地区大学毕业生就业去向指数

对武汉地区大学毕业生就业去向进行分析，武汉地区高校大学毕业生到高等院校的就业比例整体持续下降趋势，到非公有制企业就业的毕业生数量增长较快。

（1）国有企业就业率指数，见表6-3。

表6-3 国有企业就业率指数

年份	2015	2016	2017	2018	2019
就业比例/%	12.12	11.15	10.95	11.37	12.08
就业指数/%	100.00	92.00	90.35	93.81	99.67

从数据情况来看，毕业生到国有企业的就业比例在11%左右，同时，随着国有企业改革的深化以及大项目的增多，吸纳高校毕业生的能力增强，高校毕业生到国有企业的就业率逐步回升，已基本达到基期2015年的水平。

（2）非公有制企业就业率指数，见表6-4。

表6-4 非公有制企业就业率指数

年份	2015	2016	2017	2018	2019
就业比例/%	87.88	88.85	89.05	88.63	87.92
就业指数/%	100.00	101.10	101.33	100.85	100.05

非公有制企业在吸纳毕业生就业方面继续发挥着重要作用，现已成为雇用大学毕业生的主力军，占比接近90%，是高校毕业生就业的主要用人单位。

（3）高等院校就业率指数，见表6-5。

表6-5 高等院校就业率指数

年份	2015	2016	2017	2018	2019
就业比例/%	8.29	7.33	7.05	7.25	7.34
就业指数/%	100.00	88.42	85.04	87.45	88.54

高校毕业生到高等院校就业的比例持续降低，平均占比大约在7%，主要是因为高等院校对本科生的需求不大，且重点是吸纳研究生以上学历的人员。

（4）科研设计单位就业率指数，见表6-6。

表6-6 科研设计单位就业率指数

年份	2015	2016	2017	2018	2019
就业比例/%	3.91	3.68	3.66	3.78	4.04
就业指数/%	100.00	94.12	93.61	96.68	103.32

随着我国人事制度改革，科研设计单位每年需要补充一些新生力量，同时，国家在引导高校毕业生到科研设计单位工作实行积极鼓励的政策措施，所以，近年科研设计单位对大学本科毕业生的需求有所增加，总体就业比例在4%左右。

6.3　武汉地区大学毕业生就业质量分析

6.3.1　武汉地区 2019 届大学毕业生就业质量分析

相较于就业率、就业去向情况的统计数据分析，就业质量适宜用调查问卷统计数据，结合笔者在就业部门的工作实际，以湖北工业大学 2015 届至 2021 届毕业生为样本，展开问卷调查，分析武汉地区大学毕业生的就业质量，问卷见附录。据统计，2019 届问卷中有 1703 位本科毕业生填写问卷，获取 1703 份有效数据。

1. 工作岗位与专业的相关度

从工作岗位与专业的相关度来看，工作岗位与专业相关的样本毕业生合计 809 人，占样本数的 79.97%。其中，相关度位居前三位的专业是机械设计制造及其自动化、电气工程及其自动化和土木工程。按照 1～5 分赋值，得分在 3.8 分，显示了本科毕业生工作岗位与专业较高的相关度。

2. 人职匹配情况

毕业生自我评估的人职匹配度中（图 6-3），有 50%左右的毕业生认为目前所从事的工作与自身的职业性格（51.55%）、职业兴趣（47.74%）、职业能力（53.08%）和职业价值观（52.55%）等职业特质指标相匹配，其中，非常匹配占比 10%左右，比较匹配占比 40%左右。

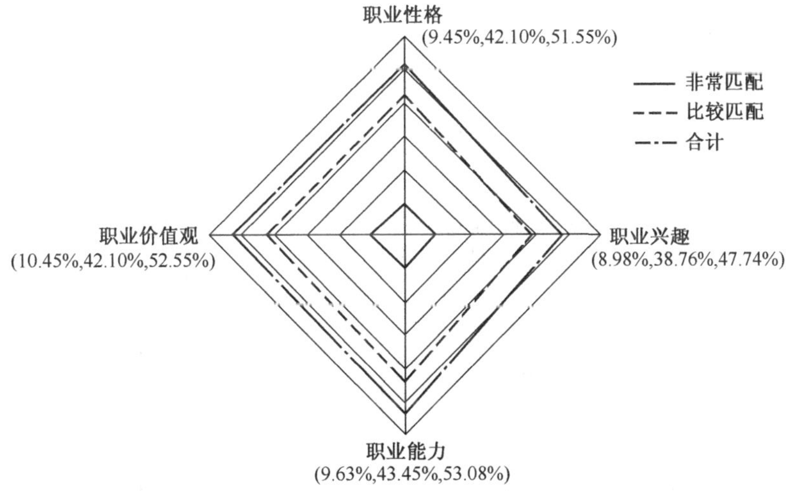

图 6-3　2019 届武汉地区本科毕业生的人职匹配情况

3. 工作满意度

毕业生自我评估的工作满意度7个指标中（图6-4），有51.1%的毕业生满意（非常满意或比较满意）目前的工作，其中，对内部员工关系满意的毕业生比例最高，非常满意占比16.44%，比较满意占比49.68%，合计66.12%。在满意度上，按照1~5分赋值，得分为3.6分，偏向比较满意，显示了本科毕业生较高的工作满意度。

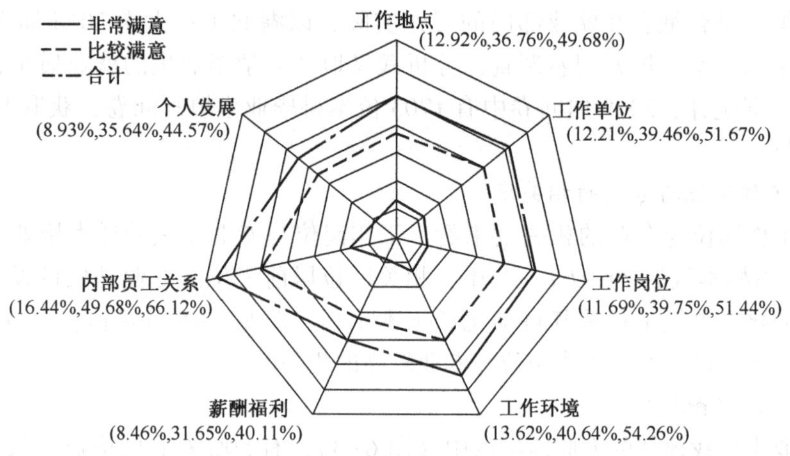

图6-4 2019届本科毕业生工作满意度

6.3.2 武汉地区近五届大学毕业生就业质量指数

从工作岗位与专业的相关度角度分析大学毕业生的就业质量指数，具体如图6-5所示。近5年来，毕业生所落实的工作岗位与专业的相关度呈现逐年递增趋势，就业质量指数也呈现逐年递增趋势，2019届毕业生的工作岗位与专业的相关度指数已增至80%。

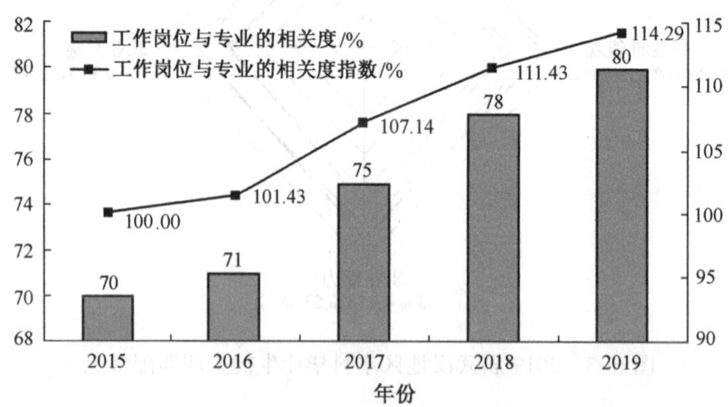

图6-5 武汉地区近五届大学毕业生工作岗位与专业的相关度变化

6.4　武汉地区大学毕业生就业市场的特点及改进措施

6.4.1　当前武汉地区大学毕业生就业的主要特点

1. 大学毕业生择业更倾向发展和稳定

根据调查结果，目前大多数毕业生就业，更看重工作的发展空间。数据显示，大学毕业生认为企业吸引求职者最主要的因素是发展前景，而薪酬位列其次；同时，工作环境与公司文化也是重要的影响因素。在择业的倾向调查上，70.5%的被调查者倾向工作的发展，另外 29%的人则看重薪酬；58.55%的大学毕业生倾向在“薪酬普通，但能够充分发挥能力的单位”工作，17.48%的大学毕业生选择在“薪酬普通，但稳定性高的单位”工作，13%的大学毕业生选择在“高薪酬，但发展不稳定的单位”工作，仅有 7.65%的大学毕业生选择在“低薪酬、充满创业的活力与激情的小企业”就业。上述结果再次说明，大多数大学毕业生择业优先考虑的主要因素是工作单位的发展前景和个人发展空间，而不再单纯追求薪酬的高低；同时，就业选择上更看重工作稳定性，对发展不稳定、具有创业风险的企业缺乏择业热情。

2. 大学毕业生就业的预期薪酬有所提高

虽然大学毕业生在择业倾向上不再一味追求高薪酬，但对于就业薪酬也抱有较高的心理预期。调查显示，选择就业时薪酬在 5000 元以上的被调查者占 80.76%，比 2018 年调查时多了 3 个百分点，其中 28.38%的被调查者认为就业后应该拿到 7000~8000 元月薪，比 2018 年大学毕业生对该档次的预期月薪多出近 6 个百分点；此外，8.5%的大学毕业生认为就业时应该拿到 10000 元以上的月薪，比 2018 年大学毕业生对该档次的预期月薪多出近 4 个百分点。就武汉市目前的经济发展水平和生活水平而言，多数企业对于刚毕业的大学生能够提供的月薪普遍在 5000~6500 元，可见大学毕业生对于就业时薪酬预期比上一年有所提高。随着全国物价水平的不断抬升，武汉市居民的生活成本也在不断提高，加上大学生学费及其他开支的增加，大学毕业生会考虑到生活保障及教育成本等问题，因此目前大学毕业生较高的预期薪酬水平与用人单位支付的实际薪酬水平产生的差距可能会越来越明显。

3. 大学毕业生就业后对社会的适应性在不断增强

在对大学毕业生就业 1 年后的社会适应性调查中，有 35.38%的被调查者认为走出校园进入社会后工作顺利、感觉良好，这个比例比 2018 年高出 4 个百分点，比 2017 年高出近 9 个百分点，说明大学毕业生对社会的适应性在不断增强；

虽然有近 57. 75%的被调查者在走出校门，参加工作的前三个月内表示“不适应”，但认为自己可以承受，且情况在慢慢变好；只有 7. 52%的被调查者感觉非常不适应，想离开目前的工作岗位。

4. 大学毕业生就业岗位与所学专业基本对口

调查显示，已就业的大学毕业生中，有 70. 58%的被调查者从事的工作与所学专业对口。虽然还有 29. 45%的被调查者从事的工作与所学专业不相关，但是其中大部分人对“学非所用”的现实表示可以接受。

5. 缺乏工作经验仍然是大学毕业生就业过程中面临的最大障碍

调查中，在被问及“应届毕业生在找工作时遇到的最大难题是什么”时，70. 38%的被调查者认为最主要的是“没有工作经验”，其次有 27. 13%的被调查者认为“缺乏专业技能”也是就业困难的主要原因，这与 2019 年的统计较为一致。并且，87. 5%的被调查者认为实习有助于求职，说明缺乏工作经验与专业技能，仍是影响大学生就业的重要因素。此外，调查还显示“面试经验不足”“缺乏社会关系”，也是影响大学毕业生就业的重要因素。

6. 4. 2 武汉地区用人单位对大学毕业生的需求特点

1. 理工类大学毕业生是用人单位急需的人才

通过问卷调查，用人单位急需的十大专业依次为计算机技术、电子信息、电子商务、机电一体化、市场营销、机械制造、通信工程、英语语言、会计学、医药学，从这 10 类专业毕业生的需求可以看出，理工类大学毕业生是用人单位急需的人才。在用人单位的招聘岗位中，缺口较大的三类岗位分别是技术研发类、市场销售类、生产设备类；调查还显示，制造业、通信、光电子、建筑等行业用人单位的就业缺口相对较大，说明这些行业的用人单位 2020 年仍有较多岗位在招聘大学毕业生。

2. 大学毕业生职业素质和个人素质有待提高

对于实际招聘少于计划人数的用人单位，调查显示主要原因是参加招聘的大学毕业生综合能力和个人素质不尽如人意。40%的用人单位认为应聘的大学毕业生缺乏职业素质，除了实际能力和工作经验不足，还表现在欠缺团队精神，不愿从基层做起，忽视职业职责和人际关系等；有的用人单位还认为应届大学毕业生忠诚度和稳定性差，就业期望过高，频繁跳槽，品德素养方面欠缺。

3. 某些紧缺专业的毕业生人数市场供给不足

与往年不同，在调查用人单位对大学毕业生存在用人缺口的原因方面，21. 25%的用人单位认为“岗位所需的该专业毕业生”供给不足。这个比例是 2018 年的 1 倍多，说明在武汉地区毕业生就业市场中，某些紧俏专业的毕业生还比较缺乏，尚不能满足用人单位的需求。在进一步调查中，笔者还发现，机械、数控、环保以及激光等专业的毕业生人数无法满足武汉地区用人单位的需求，如华工数控、凯迪控股、烽火科技等一些知名企业需要到广州、西安等城市，参加当地组织的大型毕业生供需见面会招募人才。

4. 用人单位更加看重大学毕业生良好的专业技能与社会适应能力

在对用人单位认为大学毕业生最应具备的能力和素质调查时，结果依次显示为良好的专业知识与技能、良好的社会适应能力、个人品德与修养、个人发展潜力。65%的用人单位认为毕业生最应具备的能力和素质是“良好的专业知识与技能”，可见用人单位在招聘大学毕业生时，认为具备良好的专业知识与技能是关键因素，同时还认为具备良好的社会适应能力也是必不可少的。

此外，疫情背景下，由产业转型升级、科技水平提升与信息化技术应用催生的大数据、人工智能、物联网、云计算等产业快速发展，人才需求不断增长。具体为集成电路方向的集成电路设计、封装和测试，生物医药方向的药物研发合成与药物质量监控，物联网方向的区块链系统开发与工业互联网平台架构，人工智能方向的数据分析挖掘与人工智能芯片研发，新能源汽车方向的智能网联汽车核心技术研发，智能制造方向的数字化车间与智能工厂。《新职业在线学习平台发展报告》显示，新职业面临人才缺口大、企业招工难的问题。未来 5 年，新职业人才缺口超 3000 万，其中人力资源和社会保障部首批发布的 13 个新职业人才需求规模单个均超百万，具体为物联网安装调试员、电子竞技员、农业经理人、电子竞技运营师、建筑信息模型师、工业机器人系统操作员与系统运维员、无人驾驶员等。

6.4.3　对促进武汉地区大学毕业生就业的典型做法

1. “双百万工程”

在校大学生是武汉最大的资源库，武汉有近 80 所高等学府，逾 130 万名在校大学生。为了留住毕业的大学生人才，2017 年，武汉市推出“双百万”人才发展战略，即 5 年内，百万大学生留武汉创业就业、百万校友资质回武汉，努力把武汉打造成为“大学之城”“青年之城”“梦想之城”“创新之城”。围绕大学生的最难、最急、最盼研究制定政策，让大学生安居有保障、就业有岗位、创业有机会。为此，武汉地区推出一系列配套服务政策，实现各区多措并举。开发落实留武汉创业就业服务信息管理系统，实行留武汉创业就业“一窗式”服务，政策申请与资格审核实现网上办理。蔡甸区为大学生免费提供创业人才公寓 200 套，准备创业就业扶持资金 2 亿元。武汉江汉区创新活动形式，广泛邀请大学生走进武汉 CBD，实地参观该区工作环境和生活环境。武汉市各个区走进武汉高校进行宣讲，纷纷亮招，吸引大学生留武汉。硚口区与武汉纺织大学达成战略合作协议，武汉纺织大学汉正街服装设计研发中心和武汉纺织大学汉正街创新创业实习基地先后揭牌，设立1亿元的“时尚汉正街产业发展基金”；同时为大学生到硚口区就业创业提供落户居留和住房保障支持，汉正街还组织一系列时尚活动，包括“时尚汉正文化艺术节”“大学生服装设计毕业作品校际联展”等，为大学生提供展示才能的舞台和空间。武汉市继续放开大学生落户门槛，落实高校毕业生基层就业生活补贴政策，配合做好大学生人才公寓统一配租活动。武汉市开辟就业岗位渠道，提高就业见习补贴标准，提供1万个大学生见习岗位，吸引全国高校毕业生来汉就业见习。同时，提供1万个基层公共管理和社会公益性岗位，帮助大学生稳定就业。此外，加大创业扶持力度，加强创业平台建设，落实大学生创业培训补贴、一次性创业补贴等优惠政策。举办“黄鹤杯”“互联网+创业”“创业大武汉”等大学生创新创业赛会，举办“高创之星”等大学生创业沙龙活动。在“双百万”计划推出实施后的100余天内，已有5万多名大学生落户武汉，计划推出的当年，江夏区大学生新增创业就业分别为521人和9273人。

2. “我选湖北”计划

2017年，湖北省推出并实施“我选湖北”计划，大力促进大学生在湖北就业创业。立足湖北，面向全国，放眼全球，全力打造人才集聚大省。湖北省明确提出要实现引才规模大幅增长，即力争大学生在湖北实习实训超过200万人；高校毕业生在湖北就业创业超过180万人；实现实习实训体系完备，即建立覆盖各市、县（市、区）的功能完善、服务优质的大学生实习实训基地5000家；实现创业载体层级提升，即建立省级创业孵化示范基地300家，力争进入国家级创业孵化示范基地100家；实现人才服务功能聚集，即建立人才创新创业超市500家，为人才创新创业提供全方位服务。

具体措施如下。

（1）建立大学生实习实训基地。各级机关、各地企业和事业单位要积极建立大学生实习实训基地，提供实习实训岗位。各地要利用闲置学校、厂房、房产、园区、孵化基地等建立大学生实习实训基地，为大学生提供必要的学习和生活条件。每年确定一批省级“大学生实习实训示范基地”。

（2）开展“我选湖北”高校行活动。建立巡回推介制度，每年组织高校到北京、上海、江苏等高校集中地区举办“我选湖北”活动周，将对湖北省高校在校生的宣传推介延伸到自大学生进校起的全时期，吸引各地优秀大学生实习实训和就业创业。

（3）开展“我选湖北”海外揽才行动。通过专场招聘、网站展示、在线对接、海外设站等途径，面向全球招揽人才。

（4）建立“我选湖北”驻外人才工作站。可在省、市政府驻省外及部门驻国外（境外）机构加挂人才工作站牌子，赋予其招才引智工作职能。

（5）建立大学生创业孵化基地。鼓励各类市场主体、高等院校建立全要素、开放式的大学生创业孵化基地。每年确定一批创业孵化示范基地。

（6）建立海外留学生实习和中国国情体验基地。与国家有关部委合作，建立海外留学生实习和中国国情体验基地，吸纳海外留学生来湖北体验国情、实习实训和就业创业。

（7）建立人才创新创业超市。聚集政府、社会、高校、企业等各方资源，在创业园区和孵化基地普遍建立人才创新创业超市，提供证照办理、税务经办、项目申报、投资融资、专利代理、人员培训等服务。

（8）建立创业学院。鼓励各地区与高校、大型企业共建“创业学院”，支持有资质的社会主体兴办创业教育培训机构，提供创业能力和创业指导等培训。

（9）引入社会化和专业化服务。通过政府购买服务，鼓励人才中介机构为用人单位和大学生提供信息对接等专业化服务。

（10）建立“我选湖北”全媒体平台。建立“我选湖北”网站，并充分运用广播、电视、刊物和微信、微博等进行全媒体宣传，发布实习实训岗位信息，进行政策解答。

同时，还配套以下优惠政策：

（1）大学生实习实训补贴。各地区对参加实习实训的大学生给予每人每月不低于 500 元的补贴，从各地区就业资金列支，并为其购买人身意外伤害保险。

（2）企业吸纳就业补贴。鼓励企业吸纳高校毕业生就业。对吸纳高校毕业生较多的企业，各地区应给予优惠政策并予以奖励。对符合规定条件的，提供社会保险补贴、职业培训补贴、税收减免和贴息贷款等支持。

（3）创业扶持。对省内外大学生在湖北自主创业的，按规定落实 5000 元的一次性创业补贴、最高 20 万元的创业扶持资金以及创业孵化基地场租水电费补贴、创业培训补贴、税费减免等支持政策。按规定提供创业担保贷款，取消或降低反担保条件。鼓励各地设立大学生创新创业投资基金，采取股权投资等方式支持大学生创业项目。

（4）基层人才引进。鼓励各级党政机关、事业单位和社会组织招录（招聘）参加实习实训的高校毕业生。加大招录国家重点高校毕业生到选调生、大学生村官等岗位和乡镇（街道）、社区及其他基层单位工作的力度。艰苦、边远地区基层机关可设置一定数量的职位，招录具有本市、县户籍或在本市、县长期生活的高校毕业生。国家和省级贫困县乡镇事业单位招聘大学本科及以上毕业生、县级事业单位招聘硕士及以上学位人员。行业、岗位、脱贫攻坚急需紧缺专业人才，可采取面试、组织考察等方式公开招聘。

（5）住房保障。各地应对就业创业大学生给予适当的住房补贴，或提供人才公寓、公租房等住房保障。

（6）外国人就业许可。放宽外国留学生在湖北工作的限制，允许获得学位的优秀研究生毕业后直接申请工作许可。逐步完善留学生实习居留、工作居留制度，按要求落实创新创业奖励制度。

截至 2019 年 9 月，该计划为湖北省大学生营造了良好条件，建有 5799 家实习实训基地，已经提前完成 5 年 5000 家的目标任务。实习实训是“我选湖北”计划的重要组成部分，目前湖北省已建成实习实训基地 5799 家，累计接收 125.35 万名大学生参加实习实训，已完成总目标人数的 62.6%。“我选湖北”实习实训巡回推介活动，在武汉大学、华中师范大学等 11 所高校完成巡展宣传。

6.4.4 促进武汉地区大学毕业生就业的举措

1. 应强化就业创业政策的执行力度，创造更好的就业、创业条件

（1）扩大大学毕业生实习基地规模，提升大学毕业生就业竞争力。调查结果显示，大学毕业生就业难的最大原因是缺乏工作经验，缺少对社会和企业的认知与了解。因此，各级政府应逐步增加大学毕业生实习基地的数量，完善实习制度，为大学毕业生提供实习机会，提高大学毕业生的就业竞争力。目前，武汉市已经有 19 家大学生就业实习基地，每年可为大学毕业生提供 4000 多个实习岗位，接纳 1.3 万名学生进行实习，其中有近 20%的实习学生以良好的综合能力留在实习单位就业。实习基地为大学毕业生提供了了解社会、提高职业技能、积累工作经验的机会，有效促进了武汉地区大学毕业生就业。但是随着毕业生人数的逐年增加，实习基地的岗位不能满足日益扩大的实习需求，所以，各级政府还应根据国家关于大学毕业生实习基地的相关文件精神，增加财政投入，进一步扩大实习基地的规模，同时，在规范管理以及基础性服务方面进一步加强和完善。

（2）切实采取有效措施，大力鼓励扶持大学生自主创业。在目前大学生就业供大于求的严峻形势下，各级政府应制定相应政策，鼓励大学毕业生自主创业，通过多种形式促进就业，实现自我价值。从政策上来看，国家、省市各级政府都出台了鼓励大学毕业生自主创业的相关文件，但在操作层面上，目前实行的对具有武汉市户籍、独立创办或领办经济实体并依法进行企业登记注册的高校毕业生提供小额担保贷款的规定，实际操作程序比较复杂，银行贷款的支持力度不够，能够得到贷款的大学毕业生人数有限。建议市场监管、税务、劳动等部门进一步为创业大学毕业生提供优惠的工商登记、税收和社会保障等政策，银行、保险等金融部门能够为大学毕业生创办企业，提供更优惠的贷款和更便捷的服务。

（3）逐步完善各项就业制度，为未就业大学毕业生提供优质服务。为提高

大学毕业生的就业率与就业质量，各级政府部门要积极落实毕业生未就业登记制度。继续有针对性地开展就业指导和服务工作，促进和帮助本市未就业毕业生、特别是低保家庭未就业毕业生实现就业。同时，建立未就业毕业生培训制度。全市各级人事部门和人才中介机构要为尚未就业的大中专毕业生开办不同类型、不同行业的职业培训班，开展就业指导、职业技能、职业资格培训，全面提高大中专毕业生的就业能力、创业能力和适应职业变化能力。积极开展大学毕业生“三支一扶”工作，引导大学毕业生到农村基层就业、创业，开展支医、支教、支农及扶贫工作。

2. 应加强大学生职业素质教育，培养适应市场需要的紧缺人才

针对调查中用人单位认为大学毕业生缺乏职业素质和个人素质的问题，高校教育部门应该在教学中加强就业指导工作，把就业指导作为大学学科教育的重要内容，让大学生能够在学习专业知识之余，接受完善的职业培训和指导。大学生应在知识、经验和技能积累的基础上，注重思想和职业道德、内在品质以及良好人际关系的修养，了解企业文化的大背景和社会对人才的基本要求，以便在择业过程中理性定位，合理规划职业生涯。在就业指导过程中开展创业教育，克服大学生普遍存在的创业意识和实践能力较弱、依赖性较强等缺点。此外，武汉地区高校教育应该紧贴社会用人需求，充分考虑和兼顾武汉城市圈经济社会发展需要，有计划、有选择地扩大和调整国家重点项目、重点产业紧缺专业人才的招生规模和专业结构，以满足本地企事业单位对人才的需求。

3. 人才中介机构应不断改进和完善服务，提高大学毕业生就业率

政府部门所属人才中介机构除组织各类大型毕业生供需见面会外，还要深入高校开展校园招聘、实习推荐、信息咨询、人才测评以及就业指导等综合配套服务；在为武汉企业服务的同时，还要积极引入全国各地的用人单位，积极推荐武汉地区大学毕业生到全国就业；发挥武汉毕业生就业网的作用，为毕业生求职提供大量、及时的招聘信息和有效的政策咨询，为毕业生顺利办理实习申请和就业手续等做好服务。

4. 加强就业工作队伍建设，优化就业统计核查工作

按照要求配齐配强基层就业工作人员，有条件的高校在院系设置独立的就业专干。有计划、分步骤地对基层就业工作人员开展培训，丰富人力资源管理、教育学、心理学、社会学、统计学等方面的知识，注重培训的系统性、专业性和规范性，进一步提高就业工作队伍的政策水平、业务素质、工作能力。要关心就业工作人员的工作和生活，确保工作队伍稳定。

5. 大学毕业生应进一步提高就业能力，以实现就业理想

就业能力是指大学毕业生在校期间，通过专业知识的学习和综合素质的开

发，获得能够实现就业理想、满足社会需要，并在社会生活中实现自身价值的本领。根据用人单位对应聘大学生具有“良好专业知识与技能”的要求，大学生本人需要加强基础知识和技能的学习掌握，提高自身的基本素质，同时还要适应社会环境，加强职业见习和就业实践，积极参加社会实践活动，努力培养具有创业意识的思维能力、踏实肯干的工作能力、主动适应就业形势的竞争能力、灵活运用专业知识的实践能力、彼此协作的团队合作能力、善于发现问题并创造机遇的创新能力、收集和处理各种信息的信息处理能力，从而提高自身自主创业能力和择业应聘能力，以早日实现自己的就业理想和创业理想。

6. 加大就业实习基地建设力度

（1）探讨多种合作模式，把基地的就业、实习这一基础功能做实。目前，在人才市场上存在着用人单位“择人难”和毕业生“择业难”的“两难”现象，其根本原因是信息的不对称。为了解决这个矛盾，学校可以根据企业的需要，有针对性地选送大二、大三的学生或毕业生到企业去实习，积累相关经验以弥补实际操作能力欠缺的不足，让这部分学生在实习过程中充分认知企业、强化专业知识、感受企业文化；企业也可以零距离考核实习学生，让中意于企业并符合企业需要的学生留在企业。在这个过程中，学生通过实习，提前熟悉了企业的情况，缩短了适应期，同时还可以考虑结合企业研发的项目或是技改项目作为毕业生论文选题，请企业有经验、有资质的工程师和负责毕业设计的教师共同指导毕业生开展毕业设计。毕业生在完成毕业设计的同时，有可能使企业在不增加成本的前提下通过吸纳新生力量形成突破，而对于学校和学生来说，把毕业设计立足于实际项目，有利于提升毕业设计质量和师生的能力与水平。对于未留下的毕业生，基地给出诚恳的实习评价和推荐意见，也将为这部分毕业生的下一步选择奠定坚实的基础。

（2）拓展基地功能，加强校企的教学和科研工作。建立自主创新型国家，产、学、研相结合是实现自主创新的必由之路。高校积聚了大量的高端人才，蕴藏着大量的研发能力，每年都有大量的科研成果和专利深藏箱底，强大的科研实力并没有转化为技术优势。企业有强大的制造能力和科技转化能力，但基础研究和应用研发存在不足，高校和企业之间的科研合作存在着大量的机会与足够的空间，如果能以就业实习基地为纽带，以毕业生就业为契机将科研合作进一步推进和深化，那么就极有可能实现双赢。一方面，企业有着先进的制造能力和掌握这种能力的尖端人才，在科研合作方面也存在着大量的空间。另一方面，企业人力资源方面的专家掌握了就业市场的第一手资料，如果能邀请企业代表参与就业指导、职业生涯规划以及创业方面的教学，举办多形式的讲座，对于改进教学效果肯定会大有裨益。结合学校实际情况和专业特点，采取切实、有效的措施，加大学生实践、实习、就业基地和各种形式就业市场的建设力度，还可以推行“3+

1”合作、订单式培养、委托培养等模式，提高毕业生的培养质量和社会的需求符合度，促进毕业生充分就业，实现学校人才培养工作的和谐发展，从而实现共同发展、互利共赢。

(3) 以基地为支点，依托大学生就业市场，建立高校质量回馈体系。质量回馈体系应包括两大部分，即前馈系统和后馈系统。前馈系统是基地和就业市场对未来人才需求趋势进行预测和分析，学校相关部门根据预测和分析数据对专业设置进行合理调整、对专业培养目标进一步优化、对每年的招生计划进行科学分配；后馈系统以毕业生调查为重点，以问卷调查、网络调查和实地访谈等多形式、多层次、全方位地进行毕业生跟踪调查，为改进教学和就业服务提供依据。

本章小结

本章主要对武汉地区大学生就业市场案例进行了分析。首先，探讨了大学生就业指数系统，并给出了相关的理论基础，在此基础上完成了武汉地区大学毕业生就业率指数调查报告和武汉地区大学毕业生就业质量调查报告。其次，介绍了武汉地区促进大学毕业生就业的典型做法。最后，总结了武汉地区大学毕业生就业的主要特点，武汉地区用人单位对大学毕业生的需求特点，提出了促进武汉地区大学毕业生就业市场建设的建议。

第7章 总结与研究展望

7.1 总　　结

大学生就业问题得到社会各界越来越多的关注。目前，大学生就业市场仍然是大学生进入职场的主要渠道。然而目前大学生就业市场还存在着若干问题，如供需结构化矛盾、大学生职业素质与社会需求不匹配引发的摩擦性矛盾、就业服务渠道不畅通导致就业成本过高等问题。本书主要围绕上述矛盾和问题进行了深入研究，并提出了若干优化措施和改进建议，并以武汉地区大学生就业市场为案例进行分析，针对武汉地区大学生就业市场提出了具体的改进措施。本书主要在以下方面进行了创新：

（1）界定了大学生就业市场的概念。通过对4个行为主体的地位和作用进行全新审视，突出了大学生在大学生就业市场中的主体地位，从大学生占整个劳动力市场的比例、大学生就业市场的经济容量初步匡算、高校自办的校园招聘会在整个大学生就业市场中的突出地位和作用等方面阐述，从供给构成方面对劳动力市场进行了细分，对大学生就业市场进行了界定。

（2）提出了大学生就业市场目前存在的两个最主要矛盾和一个突出的问题，即结构性矛盾、摩擦性矛盾以及因信息不对称等原因造成的大学生就业成本过高的问题。揭示了因工资机制、市场分割、信息不充分等原因导致大学生就业市场“失灵”的内在规律；对大学生就业市场供需两旺和供需两难以及毕业生频繁跳槽的现象进行了深入分析，指出了规划缺失、就业指导的功利化等深层次的原因；对在信息不对称的情况下，因诚信体系缺失而导致大学生求职成本过高的问题进行了分析。最后就以上问题提出了对大学生就业市场进行结构优化、职业素质培养、就业渠道选择与就业成本优化的策略。提出了大学创业教育的层次论，并就大学创业教育课程体系建设给出了意见和建议。

（3）将模糊理论运用到大学生就业市场优化策略研究当中，建立了三套优化模型，即针对高校专业设置和市场需求结构不匹配，运用模糊推理方法建立了高校专业设置与招生规模模型；针对大学生就业过程工作抉择缺乏科学合理的解决方案，建立了基于 Blin 模糊排序的大学生择业方案选择模型；针对大学生就业市场诚信不足问题，建立了基于模糊综合评判的企业诚信度评价模型。

7.2 研究展望

当前大学生就业市场优化理论还处于理论探索和发展阶段，其理论尚不成熟。因此，本书尚有很多有待改进和完善的地方。未来本书将在以下方面进行改进和完善：

（1）本书的研究方法存在局限性。本书主要采用模糊理论方法，尽管该方法比较有效，然而还是存在一定的局限性，因为大学生就业市场优化问题是一个非常复杂的系统工程问题，本书采用的模糊理论方法只能为问题的局部细节方面提供参考解决方案。在今后的研究中，会进一步将数据挖掘、神经网络、进化计算、博弈论等方法引入该研究中。

（2）本书的案例分析还不够充分。由于条件所限，本书所做的案例分析资料和数据主要来源于湖北工业大学和武汉地区大学生就业市场的资料。武汉地区大学生就业市场和湖北工业大学大学生就业市场是中国大学生就业市场的一部分，许多问题具有共性，基于这些资料的分析和研究，具有积极的参考意义；然而由于研究对象的特殊性，所给出的结论和参考意见难免偏颇，未来将进一步研究其他地域和学校的大学生就业市场，以期给出更加具有广泛参考意义的措施和方法。

（3）本书的理论体系结构还不够完善。本书主要从大学生就业市场供需结构优化、大学生职业素质培养优化以及服务渠道优化等主要问题进行了考虑，随着大学生就业市场和就业环境不断发展与变化，新的问题会不断产生。随着信息等技术的不断进步，数字化转型是大学生就业市场优化的另外一种选择，由于受本人学识和篇幅限制，就业市场数字化转型已列入本人未来优先考虑的问题。另外，对大学生就业市场的功能发挥还需进一步完善，特别是在反馈功能方面，从前馈、后馈到学习控制的研究有了初步的想法，在今后的研究中，将会继续对其进行深入研究。

参考文献

[1] 周金堂. 高校专业设置与人才培养、市场需求相关度研究——以江西省本科高校为例［J］. 教育学术月刊，2018（1）：35-47.

[2] 刘蒙之，刘战伟. 融合出版背景下编辑出版人才市场需求分析与培养改革思考——基于2017年就业季120条编辑出版类招聘信息文本的词频考察［J］. 出版科学，2017，25（5）：9-14.

[3] 赖德胜. 论劳动力市场的制度性分割［J］. 经济科学，1996（6）：19-23.

[4] CARNOY C. Education and employment：a critical appraisal［M］. Paris：International Institute for Educational Planning，Vnesco，1997.

[5] PSACHAROPOULOS G. Returns to investment in education：a global update［J］. Policy Research Working Paper Series，1993，12（2）：111-134.

[6] 赖德胜. 劳动力市场分割与大学毕业生失业［J］. 北京师范大学学报（社会科学版），2001（4）：69-76.

[7] 徐林清. 中国劳动力市场分割问题研究［D］. 广州：暨南大学，2004.

[8] 张建军. 基于劳动力市场分割理论透视大学生就业市场［J］. 思想理论教育，2007（3）：72-76.

[9] 张忠生. 学校毕业生就业市场建设初探［J］. 中国大学生就业，2006（12）：62-63.

[10] 许小石. 大众化背景下我国大学生就业市场化问题研究［D］. 长春：吉林农业大学，2004.

[11] 王辉，陆志荣，林兴东. 高校毕业生就业市场现状的特点分析［J］. 中国大学生就业，2005（14）：27-28.

[12] 朱华，俞兆旺. 对“大学生就业市场”的几点认识［J］. 武汉水利电力大学学报（社会科学版），2000（20）：90-92.

[13] 龚水平. 对高校毕业生就业市场特点的认识［J］. 江西师范大学学报（社会科学版），2002（4）：106-109.

[14] 岳昌君. 中国高等教育与劳动力市场研究综述［C］//2004年中国教育经济学学术年会论文——北京大学论文集，2004.

[15] 全力. 国外大学生就业模式及对我国就业工作的启示［J］. 北京教育，2007（3）：62-64.

[16] 胡尊利，刘朔，程爱霞. 国外大学生就业能力研究及其启示［J］. 比较教育研究，2008（8）：24-26.

[17] 夏仕武，毛亚庆. 美国创业教育体系化建设：历程及启示［J］. 江苏高教，2020（8）：69-75.

[18] STEPHENS H M，ACS Z J，AUDRETSCH D B. Motherhood，migration，and self-employment of college graduates［J］. Small Business Economics，2019，53（3）：611-629.

[19] FAIRLIE R W，BAHR P R. The effects of computers and acquired skills on earnings，employment and college enrollment：evidence from a field experiment and California UI earnings

records [J]. Economics of Education Review, 2018, 63: 51-63.
[20] 孙泽厚. 大众化高等教育时期大学生就业问题研究 [M]. 北京：中央文献出版社，2006.
[21] 蓝劲松. 高等教育与人才市场 [D]. 上海：华东师范大学，1999.
[22] 李亚伯. 中国劳动力市场发育论纲 [D]. 南昌：江西财经大学，2003.
[23] 宁先圣，宋志海. 大学毕业生就业市场规范及发展策略研究 [J]. 重庆交通大学学报（社会科学版），2008，8（1）：114-118.
[24] 李春梅. 高校在毕业生就业市场中的地位与作用分析 [J]. 中国电力教育，2007（1）：154-157.
[25] 文东茅. 高校毕业生资源配置“市场失灵”的理论分析 [J]. 清华大学教育研究，2001（2）：101-105.
[26] 闵维方，丁小浩，文东茅，等. 2005年高校毕业生就业状况的调查分析 [J]. 高等教育研究，2006（1）：31-38.
[27] 钟秋明，文东茅. 高校毕业生就业地域失衡及其对策 [J]. 求索，2007（9）：117-119.
[28] 王义芳. 构建促进高校毕业生充分就业的长效机制 [J]. 中国大学生就业，2006（23）：22-23.
[29] 董玉梅. 转型期大学生的选择性失业与就业分析 [J]. 西安邮电学院学报，2006（4）：112-115.
[30] 蓝劲松. 科教兴国的重要一环——人才市场机制与国际人才市场条件下中国人才政策的若干思考 [J]. 清华大学教育研究，2000（1）：71-80.
[31] 强侠，陶美重. 从新制度经济学角度看我国大学生就业制度变迁 [J]. 江苏高教，2006（2）：131-133.
[32] 嵇小怡. 信息不对称理论与我国大学生就业市场的完善 [J]. 大众科技，2006（3）：180-181.
[33] 沙华国. 新冠肺炎疫情背景下大学生就业问题探究 [J]. 就业与保障，2020（10）：193-194.
[34] DRUCKER P F. The practice of management [M]. New York: Harper & Brothers, 1954.
[35] WATTS A G, VAN ESBROEK R. New skills for new futures: higher education guidance and counselling services in the European Union [M]. Brussels: VUB Press, 1998.
[36] COMMANDER S. Enterprise restructure and unemployment in models of transition [M]. Washington, D. C.: The World Bank, 1998.
[37] KAUFMAN B E. The economics of labor markets [M]. Fort Worth: The Dryden Press, 1993.
[38] WACHTEL H M. Labor and the economy [M]. Washington, D. C.: Academic Press, Inc., 1984.
[39] SCHULER R S. Managing human resources [M]. 5th ed. St Paul, MN: West Publishing Co., 1995.
[40] 加里·德斯勒. 人力资源管理 [M]. 北京：中国人民大学出版社，1999.
[41] STOREY J. Developments in the management of human resources [J]. Management Research News, 1988, 11 (1): 27.

[42] 赵曙明. 人力资源管理研究 [M]. 北京：中国人民大学出版社，2001.
[43] 张一弛. 人力资源管理教程 [M]. 北京：北京大学出版社，2003.
[44] 余凯成. 人力资源开发与管理 [M]. 北京：企业管理出版社，1997.
[45] 夏星. 大学生创业者的培养与策略研究 [C] //创业教育论坛论文集，2007 (9)：174-180.
[46] 魏平. 大学生创业教育的理论与实践 [J]. 西南民族大学学报（人文社会科学版），2009 (9)：277-279.
[47] BANDURA A. Self-efficiacy：toward a unifying theory of behavioral changer [J]. Psychological Review，1997 (84)：192-215.
[48] TSANG S K，HUI E K. Self-efficacy as a positive youth development construct：conceptual bases and implications for curriculum development [J]. Adolesc Med Health，2006 (18)：441-449.
[49] 盛子桐，施俊琦. 求职自我效能对求职行动的影响：情绪调节能力的调节作用 [J]. 北京大学学报（自然科学版），2012 (3)：164-169.
[50] BLUSTEIN D L. The role of goal instability and career self efficacy in the career exploration process [J]. Journal of Vocational Behavior，1989 (35)：194-203.
[51] SCHWARZER R，BORN A. Optimistic self belief：assessment of general perceived self efficacy in thirteen cultures [J]. World Psychology，1997，3 (1-2)：177-190.
[52] 罗三桂. 论我国高等教育大众化阶段的大学毕业生就业观 [J]. 现代大学教育，2005 (3)：99-105.
[53] 罗三桂. 精英与大众化：大学毕业生就业特征比较分析 [J]. 清华大学教育研究，2005，26 (4)：82-86.
[54] 温晓慧，钱永坤. 大学生摩擦性失业与就业市场功能的完善 [J]. 福建论坛（社科教育版），2008，6 (10)：39-42.
[55] 池莉莎，郑节霞，赵国靖. 医药产业大发展背景下药学专业毕业生就业多元化趋向探讨——以温州医科大学为例 [J]. 中国大学生就业，2020 (1)：59-64.
[56] DORE R P. The diploma disease [M]. Unicersity of California Press，1976.
[57] DOUANGNGEUNE B，HAYAMI Y，GODO Y. Education and natural resources in economic development：Thailand compared with Japan and Korea [J]. Journal of Asian Economics，2005，16 (2)：179-204.
[58] GINDLING T H，SUN W. Higher education planning and the wages of workers with higher education in Taiwan [J]. Economics of Education Review，2002，21 (2)：153-169.
[59] LIN A T C. Education，technical progress，and economic growth：the case of Taiwan [J]. Economics of Education Review，2003，22 (2)：213-220.
[60] HAIR J F，BABIN B J. Technology and the new economy：implications for higher education and the marketing discipline [J]. Advances in Business Marketing and Purchasing，2002 (8)：57-68.
[61] 吴克明. 高校专业设置和招生滞后的新制度经济学解释 [J]. 江苏大学学报（高教研究版），2005，27 (1)：30-33.

[62] 方丽. 高等学校学科专业结构调整与产业结构调整 [J]. 黑龙江高教研究，2003 (6)：24-26.
[63] 陈昀. 从“知识失业”现象分析我国高校专业设置 [D]. 南京：东南大学.
[64] 李云霞. 关于我国高校专业设置的思考与建议 [D]. 上海：华东师范大学，2005.
[65] ZADEH L A, et al. Fuzzy sets, fuzzy logic, fuzzy systems [M]. World Scientific Press, 1996.
[66] NOVÁK V. Are fuzzy sets a reasonable tool for modeling vague phenomena [J]. Fuzzy Sets and Systems, 2005, 156 (3): 341-348.
[67] TAKAGI T, SUGEON M. Fuzzy identification and its application to modeling and control [J]. IEEE SMC, 1985, 15 (1): 116-132.
[68] JANG J S R. ANFIS: Adaptive - Network - Based Fuzzy Inference System [J]. IEEE Transactions On Systems, Man, and Cybernetics, 1993, 23 (3): 665-685.
[69] CHAKRABORTY S, PAL K, PAL N R. A neuro-fuzzy framework for inferencing [J]. Neural Networks, 2002, 15 (2): 247-261.
[70] 田洪伟. 浅谈大学生自主创业 [J]. 甘肃科技纵横，2006 (1)：94-98.
[71] 刘晓春，张宇立. 谈大学生创业素质的培养 [J]. 社会科学战线. 2006 (2)：333-335.
[72] 张碧安. 对我国大学生自主创业的几点思考 [J]. 华东交通大学学报，2000，5 (22)：24-26.
[73] 赵志军. 关于推进创业教育的若干思考 [J]. 教育研究，2006 (4)：71-75.
[74] 许中华，雷育胜. 大学生自主创业分析 [J]. 科技创业，2005 (8)：36-37.
[75] 戴树根，巢炜. 大学生自主创业的对策探讨 [J]. 湘潭师范学院学报（社会科学版），2008，3 (1)：127-129.
[76] 房欲飞. 大学生创业教育的内涵及实施的意义 [J]. 理工高教研究，2004 (4)：76-78.
[77] COLLIS D J, CYNTHIS M. Competing on resource strategy in the 1990s [J]. Harvard Business Review, 1995, 7 (8): 26-36.
[78] PRAHALAD C K, HAMEL G. The core competence of the corporation [J]. Harvard Business Review, 1990, 5 (6): 89-98.
[79] SANCHEZ R, HEENE A. Managing articulated knowledge in competence based competition [M]. Chichester: John Wiley and Sons, 1997.
[80] STALK G, EVANS P, SCHULMAN L E. Competing on capabilities: the new rules of corporate [J]. Harvard Business Review, 1992, 4 (5): 35-45.
[81] 赵北平，王年军. 高校就业指导模式的创新研究 [J]. 中国大学生就业，2004 (6)：52-54.
[82] 王适英. 关于高校就业指导队伍专业化的思考 [J]. 中国大学生就业，2004 (2)：23-25.
[83] 张晖怀. 高校学生就业指导工作探析 [J]. 集美大学学报，2005，6 (1)：78-80.
[84] 党建强. 隐性课程因素在教学中的效果分析 [J]. 思想政治课教学，2005 (5)：58-60.
[85] 郭悦. “先就业后择业”——大学生就业观背后的考量 [J]. 中国大学生就业，2019 (16)：16-17.

［86］修丽华，林媛. 医学生就业择业现状浅析［J］. 佳木斯职业学院学报，2017（2）：272.
［87］夏星，湛俊三. 试论“先就业，再择业”［J］. 职业时空，2006（22）：50-51.
［88］孟晓媛，刘继东，段阿里，等. 基于数据分析的医学院校大学生择业价值观研究［J］. 产业与科技论坛，2020，19（18）：117-118.
［89］万玫乐，张瑞英. 浅谈大学生的择业观［J］. 中国市场，2020（18）：176-177.
［90］SHIMURA M. Fuzzy sets concept in rank-ordering objects［J］. Math，1973，43（4）：717-733.
［91］COMPANY A，PEREZ-NEIRA A. Fuzzy rank ordering for robust multiuser detection in non-Gaussian channels［J］. ICECS，2001，9（2）：833-836.
［92］张晓娟. 大学生就业有形市场与无形市场对比分析［J］. 现代教育科学，2004（6）：99-100.
［93］梁德友. 当代大学生诚信现状的思考［J］. 山西高等学校社会科学学报，2003（2）：98-100.
［94］艾红梅，韩莉. 诚信文化在高校德育中创造性转化的实践路径［J］. 佳木斯教育学院学报，2020，36（5）：201-202，205.
［95］李雅琴，李书林. 浅谈高校毕业生就业过程中的诚信缺失问题［J］. 中国大学生就业，2007（15）：106-107.
［96］雷育胜，许中华. 大学毕业生违约现象分析与对策研究［J］. 中山大学学报，2005（4）：437-440.
［97］窦春玲. 大学生求职诚信缺失的经济学分析［J］. 现代教育科学，2006（5），84-86.
［98］SHAN F，LI D X. An intelligent decision support system for fuzzy comprehensive evaluation of urban development［J］. Expert Systems with Applications，1999（16）：21-32.

后　记

2020年，全国高校毕业生达874万人，但受新冠肺炎疫情等多重因素的影响，就业形势复杂严峻。作为学校负责就业工作的一线工作人员、就业战线的一员老兵，我认真贯彻党的路线、方针、政策，加强政治理论学习，预判形势，研究对策，充分利用各级各类政策，采取一切积极的措施推进就业工作。同时，我回顾和反思20余年的工作实践，把当下就业工作面临的情形与2008年美国次贷危机引发全球经济危机给就业工作带来的影响进行比较，除了外部环境因素有所不同，就业市场存在的问题有太多的相似性。当年在导师的指导下，我对就业市场优化进行了理论探索和实证研究，如今感觉到当年的研究成果对于应对今年严峻的就业形势有一定的指导和帮助，才下定决心编写此书。

本书是在导师邓明然教授的精心指导和悉心关怀下完成的。从论文的选题、研究方案的确立到论文的撰写都倾注了导师的汗水和心血。在我攻读学位的几年中，导师严谨治学的态度、渊博的知识、雷厉风行和精益求精的工作态度、无私的奉献精神使我深受启迪、受益匪浅。从导师身上，我不仅学到了扎实的专业知识，也学会了做人的道理。在此我要向导师致以最衷心的感谢和深深的敬意！

感谢武汉理工大学管理学院的万君康、李必强、谢科范、石友蓉、徐风菊、孙泽厚、晏敬东、叶建木等领导和老师对我的帮助与支持。感谢费伦苏、曹学等博士生班的全体同学对我学业上的帮助和工作上的支持！感谢邓明然教授工作室所有学友的帮助和支持！感谢湖北工业大学招生与就业指导处和就业创业学院同事们的理解与支持，对我工作、学习和课题研究期间的扶持和关心！特别感谢张珍博士在原论文的基础上提出了许多有益的修改意见和建议，并对本书的修改、润色提供了无私的帮助！本书在写作期间还得到了湖北省高校毕业生就业指导服务中心领导、武汉市人才市场领导在数据方面提供的大力支持，这里一并表示衷心感谢！

特别感谢我的家人给予我的支持和关心。在我攻读博士以及后来的工作期间，我的爱人和孩子给予我充分的理解和极大的精神鼓励，给予我生活上无微不至的照顾，在此向她们表示感谢。

最后，再次向所有关心和帮助过我的领导、老师、同学和朋友表示由衷的谢意！

夏星
2020年10月·武汉